Taty

Mes recettes antifatigue

(les cuissons douces)

Collection Cuisine Nature

Aladdin
www.cuisinenature.com
allée du Mont Cheval 11, B-1400 Nivelles
aladdin@island.be

Itinéraire pour Antoinette la distraite

Les bases en Cuisine Nature sont supposées connues. Elles sont exposées dans *Cuisine Nature... à Toute Vapeur*, tome 1 de la collection ou dans les dossiers bavards accessibles via le site.

L'index des ingrédients et recettes est en page 109.

Détails techniques sur www.cuisinenature.com

Vignettes

Les vignettes habituelles de Cuisine Nature sont employées :

équilibre nutritionnel

astuce culinaire

vertus thérapeutiques

conseils d'achat

Passionné

Pressé

Débutant ou soliste

Sans gluten ou sans laitages

Dans les recettes, cette vignette indique « photo sur le site »

Table des matières

Distribution
Infos chez aladdin@island.be
ou Aladdin - 11, allée du Mont Cheval à B-1400 Nivelles

D2006-10532-03 – ISBN 2-9520338-5-4 - ISBN13 978-2-9520338-5-5

VIANDES & VOLAILLES 61

Les recettes de sauces, réparties dans les autres catégories, sont repérées dans le livre en marge par l'image ci-contre. Elles se retrouvent dans l'index, page 109 sous l'intitulé « sauces ». Anchoïade p. 91; Beurre d'ail aux noix p. 91; Caviar d'algues p. 100; Crème Aigre p. 38; Crème de basilic ou de cresson p. 33; Hachis d'échalotes persillé p. 53; Mayonnaise p. 70; Sauce au Curry Quasi-Crue p. 95; Teriyaki pp. 46, 78; Vinaigrette p. 87.

Introduction

La mauvaise santé n'est pas une fatalité

Parce que je me croyais une superwoman doublée de téflon, j'ai nié pendant des années mes besoins physiologiques les plus élémentaires. L'idée que l'on puisse se lever « fraîche et dispose » ou que l'on puisse vivre dans petits bobos me paraissait tout simplement utopique, surtout dans un milieu familial où la maladie faisait partie du lot quotidien. J'avais tout faux : la pulsion de gâchis avait pris le pas sur l'instinct de survie, la volonté farouche, sur le lâcher-prise, la valorisation de comportements à risques sur le principe précaution. Peut-être vous reconnaissez-vous dans ce portrait, peut-être avons-nous tous quelque chose de délirant, dans notre société qui se la joue « occidentale » et fière de l'être ?

Ce n'est qu'à quarante ans que j'ai vécu la jubilation cellulaire qui peut naître d'une autre façon de cuisiner, dès lors que le corps est débarrassé des éléments qui l'encombrent inutilement et qu'il est enfin nourri de justes et bons nutriments. C'est à ce titre que j'ai voulu vous donner l'envie et les moyens pratiques d'essayer au moins quelques semaines, au travers de la *Cure Antifatigue*. Vous avez peut-être aussi déjà expérimenté les bienfaits de la cuisson vapeur (mon livre *Cuisine Nature ... à Toute Vapeur*), du choix d'aliments ressourçants (*Petits Déjeuners et Collations*) ou des menus plus végétariens que la moyenne (*Tartes et Légumineuses*). Ici, nous pratiquerons les bases de l'*Assiette Énergétique*, version exponentielle de l'*Assiette Ressourçante*. L'angle du tout-cru ou du cru plus modéré que j'expose dans ce tome-ci permet de ressentir rapidement les effets vitalisants d'une alimentation renaturée. On y associe bien sûr le choix d'aliments non triturés, de bonnes graisses (crues !), de produits très denses en nutriments, non vidés de leur richesse par des cuissons ébahies. Ces recettes-ci s'adressent aussi aux mangeurs qui sont plus adaptés à un régime protéiné-carné et moins riche en farineux que la moyenne*[1].

Croire au cru

Nous n'accepterions pas un vin pasteurisé. Pourquoi se résigner, alors, à des souvenirs d'aliments que sont les beurres et laitages pasteurisés, les compotes de fruits stérilisées, les conserves déguisées ? L'on ne trouvera pas dans ce qui est cuit et recuit les sources de vitalité qu'offrent les aliments crus ou quasi crus. En particulier, les végétaux crus sembler aussi mieux nettoyer l'organisme et mieux le dynamiser que l'équivalent cuit. Cependant, l'on n'ira pas, en justifiant le cru, jusqu'à adopter les positions extrêmes et fantaisistes d'Howell ou de Koutchakoff que répètent certains crudivores sans faire preuve d'esprit critique. Dans une version plus soft – c'est-à-dire omnivore – du crudivorisme, les prises alimentaires sont nettement moindres. Cela prouverait donc que les aliments crus sont plus nourrissants – a fortiori s'ils sont de culture saine, plus riches en nutriments et antioxydants, au potentiel oxydo-réducteur supérieur ?

Le beurre de laiterie que vous croyez consommer cru parce que vous ne l'avez pas transformé en sauce a été pourtant chauffé pour être pasteurisé/stérilisé, tout comme le jus de fruit en bouteille. Exit alors les précieuses vertus, car les élévations excessives de température désactivent certaines vitamines et minéraux, modifient la qualité des acides aminés et des acides gras et produisent des dérivés nouveaux.

Nos aïeux et leurs voisins d'autres populations depuis la Terre de Feu jusqu'au Japon, ont depuis longtemps intégré une large portion d'aliments crus dans leur habitudes traditionnelles sans exclure le cuit : depuis les aliments fermentés comme le vin ou les fromages de lait cru jusqu'aux abats crus en cas de grossesse... Dans sa version moderne, l'alimentation crue fait des adeptes depuis près de cent ans.

---

*[1] La version non carnée serait *Germes de Gourmands*, plan alimentaire riche en graines germées qui exige un investissement en cuisine peu commun. C'est le tome des plus braves !

Nous disposons donc d'un nombre significatif de cas vécus de pur crudivorisme et frugivorisme (y compris l'instincto). Dans *Une Cure Antifatigue*, le livre-compagnon de celui-ci, je propose des menus pour quinze jours de drainage intensif, à base d'aliments crus ou quasi crus exclusivement. Mais j'insiste pour qu'après ces quinze jours l'on revienne à plus de modération. Nous disposons d'assez de recul pour mettre en perspective les promesses de lendemains qui chantent des crudistes. Le martyrologue du cru à temps plein est bien long...

Acheter cru et cuire chez soi

Une des toutes grandes forces du crudivorisme ou du paléonutritionnisme est qu'il est impossible, dans ces méthodes, de se fournir en aliments préparés riches en additifs et lourds de traitements épuisants, tout comme on ne peut avoir recours aux types de cuisson désénergisants comme le microondes ou la cuisson sous pression. Les premiers tomes de Cuisine Nature, ainsi que les dossiers bavards, ont largement illustré que, malgré la bonne volonté des industriels, il est virtuellement impossible de se ressourcer sur la base d'aliments de confort, pourtant si tentants.Ces produits remplissent simplement le ventre, sans apport nutritionnel sérieux. Après quelques semaines, l'approche crudivore ou quasi redonne le goût des aliments simples et désintoxique de l'accoutumance aux neurotoxiques (glutamate de sodium, sucrettes, etc.) — sans parler du sucre, tout simplement. Or, ces additifs et autres adjuvants de fabrication pourraient bien être tout aussi responsables de l'état inflammatoire quasi chronique dans lequel se trouvent la plupart de nos congénères que les mauvaises combinaisons alimentaires, les excès, les allergies dues à un intestin perméable, etc.

plan d'action

Par petites touches, je vous rappelle sans jargon les notions de base d'une assiette équilibrée, en l'occurrence : les raisons de manger des végétaux frais, quelle cuisson adopter pour le quasi cru, la qualité des viandes et des poissons, les indispensables acides gras à chaque repas, les raisons d'être modéré en sucreries autres que leur effet cariogène et grossissant, etc. J'inclus aussi de brefs commentaires sur les vertus santé des aliments, des détails sur la cuisson ou la conservation des légumes, des tours de main culinaires, des astuces d'organisation pour les personnes pressées. Page 12, les *Pistes de résolutions pour une cuisine énergétique* résument le plan d'action d'un plan alimentaire cru bien tempéré.

achats

Page 14 : la liste des achats, du matériel culinaire de base ou accessoire. Page 10 : les résolutions de base, que vous mettrez en route une par une, ou toutes à la fois, selon votre tempérament. C'est sur le site que les Dossiers Bavards illustrent de façon documentée les thèmes théoriques, sous forme de livres électroniques à télécharger et imprimer chez vous. Un index (page 109) établit les références vers les recettes, les ingrédients (*J'ai des tomates, qu'en faire?*), la théorie.

20 minutes en cuisine

Les recettes se concentrent sur des produits de saison et de région. Elles sont faciles et très rapides : environ 20 à 30 minutes de préparation, y compris l'éventuelle cuisson — à condition de s'être un peu organisé, bien sûr ! Souvenirs de mes débuts — car il n'y a pas si longtemps que j'ai quitté le trio steak-frites-salades... — chaque recette est détaillée pour les débutants en cuisine. Les recettes que je donne dans cet opus ont été choisies en dehors de tout désir d'originalité. Mon objectif est de stimuler votre confiance et votre créativité propre. Dès lors que vous maîtrisez un type de plat ou de cuisson, vous vous envolerez vers d'autres cieux sur le tapis volant de l'un des mille et un autres livres ou sites de cuisine spécialisés.

Les recettes et les commentaires sont composés pour des débutants en cuisine. Mes gribouillis d'aquarelles ne peuvent suffire aux plus visuels d'entre vous... Le livre complément indispensable serait alors *Le Manuel Pratique de la Cuisine* (Hachette) : 2000 photos d'illustration de recettes et de pas à pas en cuisine. Présentation de ce livre page 40. Un merveilleux site encore plus complet en images illustratives : *www.chefsimon.com.* Plus aucune raison pour ne pas se lancer !

débutants

Les recettes détaillées dans les autres livres de la collection sont indiquées en italique et référencées page 108. Toutes les recettes de mes livres sont compilées par catégorie classique sur le site (bouton « Recettes »). Les non-internautes peuvent se procurer le livret de cette liste par correspondance chez Aladdin (page 106). Vous trouverez aussi sur le site les bonnes adresses en Belgique, les durées de cuisson à la vapeur, le tableau saisonnier des fruits et légumes, les équivalences de mesures, etc.

compilations

Les guides de la collection Cuisine Nature ne sont pas des livres de régime. Je n'y donne aucune instruction définitive et ferme. Quelques éditos sur le site sont très explicites, dont *Cuisinez selon votre nature.* J'essaie de présenter sous une forme légère et peu doctrinale une synthèse des pistes d'alimentation thérapeutique disponibles à l'heure actuelle. La cure antifatigue (voir page 106) en est l'illustration. Vous y comprendrez probablement mieux ce qui peut être changé dans votre mode alimentaire, mais ce sera à vous de l'adapter et d'en créer une version personnelle.

trouver sa nature

Les recettes sont prévues pour 4 personnes en moyenne.

Pistes de r[…] une cuisin[…]

❶ Priorité aux aliments non triturés

Dans vos achats, privilégiez les légumes et les fruits frais ainsi que la version non raffinée des céréales (pain, riz, quinoa, etc.), tous encore riches en nutriments essentiels.

Consommez des produits animaux de garantie saine et sans résidus de produits chimiques à la production (engrais, pesticides) ou à la conservation (additifs, etc).

Doublez les doses de cru : fromages et laitages de lait cru, tartares et carpaccios, huiles crues dans un premier temps, puis fruits et légumes frais sous forme de jus, et ensuite : salades de crudités, noisettes et amandes crues.

Achetez les produits crus, pour éventuellement les cuire chez vous en cuissons douces.

❷ Rôle crucial des acides gras

Consommez de l'huile d'olive vierge première pression à froid, dite V.P.P.F, en la cuisant le moins possible. Ajoutez aussi un filet d'huile V.P.P.F de tournesol ou de carthame crue dans tous les plats qui s'y prêtent : légumes crus et cuits à la vapeur douce, jus de légumes, potages, vinaigrettes, mayonnaise, sauces, mousses de légumes. Ces deux huiles (tournesol et carthame) ne se cuisent pas, au même titre que toutes les autres huiles végétales hormis l'olive. Utilisez du beurre de lait cru en alternance avec les huiles végétales. Profitez des bontés de la famille coco : graisse de palme non hydrogénée, lait et crème de coco, coco râpée. Privilégiez les poissons gras de haute mer deux jours par semaine. Donnez priorité aux viandes, laitages et œufs provenant d'animaux non traités, élevés en liberté (pâturage, etc.). Ne limitez pas les graisses si elles sont de qualité. Limitez en revanche au minimum, si pas éliminez, les huiles raffinées et les acides gras TRANS, ces matières grasses rancies par le traitement industriel (viennoiseries, chips, frites, barres chocolatées, etc.)

❸ Essence des vitamines, oligo-éléments, sels minéraux, fibres

N'hésitez pas à doubler les proportions des légumes : les légumes sont de profonds nettoyeurs cellulaires, surtout s'ils sont consommés crus... Consommez les légumes sous forme de jus fraîchement pressés si vous n'aimez pas ou ne digérez pas les légumes crus. Par ailleurs, nous dégusterons les chairs animales les plus crues possible. Puisque notre objectif est de retrouver quelque chose de la vitalité de nos quinze ans, notre prédilection ira à ces aliments dans leur version crue car ils possèdent bien plus de micronutriments que leur version cuite. En outre, ils rassasient davantage… et vous permettent de garder les formes et la forme.

❹ Farineux : modération

Alternez les sources de féculents : pain OU pommes de terre OU riz OU couscous OU quinoa, etc. Seuls les mangeurs au profil végétarien semblent adaptés aux glucides à hautes doses. Les autres mangeurs consommeront ces farineux en petites quantités et privilégieront les glucides sous forme de légumes. Il faut parfois même bannir tous les produits à base de blé, et même de gluten (épeautre, kamut, seigle, etc.), le temps de se remettre sur pied Les recettes de ce livre sont exemptes de gluten et, à deux exceptions près, exemptes de laitages.

---

micronutriments: composants de nos aliments qui ne peuvent être réduits à des protéines, glucides et lipides — en gros : les vitamines, minéraux, oligo-éléments et autres subtils composants indispensables.

glucides lents/rapides: les légumes et fruits, les fruits secs, le pain et les céréales complètes comme le riz sont dits *glucides ou sucres lents* à cause de leur passage progressif dans le sang: ce sont les *bons glucides*. Les *sucres ou glucides rapides* comme le chocolat, les friandises et viennoiseries, le pain blanc, les pâtes et le riz blanc, les gâteaux et biscuits, passent presque immédiatement dans le sang ; ils élèvent alors la glycémie de manière trop marquée et sont donc les *mauvais glucides*...

enzymes: protéines essentielles, catalyseurs des réactions des vitamines et des minéraux; fragiles, sensibles à la chaleur, les enzymes disparaissent à la cuisson.

MATÉRIEL

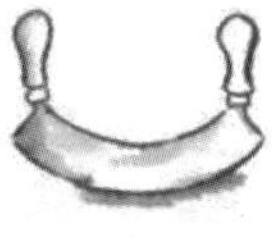
hachoir berceau

Un tout bon couteau aiguisé pour ciseler les herbes, le *Caviar d'Algues*, les *Tartares* et le *Hachis d'échalotes persillé*. Un couteau-hachoir (dit berceau) pour les plus pros.

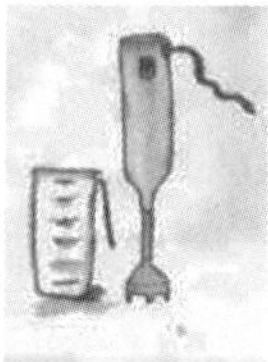

Un mixeur pour tous les potages. Il remplacera le passe-vite ou moulin à légumes à l'ancienne, si fastidieux à utiliser. Aussi utile pour la *Mayonnaise* (p. 70) ou la *Vinaigrette* (p. 87).

cuit-vapeur

Une marguerite[*1] ou un cuit-vapeur (il suffit d'un panier perforé à déposer sur n'importe quelle casserole du bon diamètre, choisie dans votre batterie). Le cas échéant, un cuit-vapeur électrique. Voir page 21.

- Un économe pour éplucher les végétaux.

économe

- Des cuillers à soupe en céramique, de type japonais, pour les *Sushis sans Soucis*.
- Du papier sulfurisé pour les cuissons basse température.
- Du fil de couture pour couper le *Chèvre chaud en tranches*, une pince à épiler (mais oui... pour ôter les arêtes du *Saumon frais*...)

PRODUITS DE GARDE

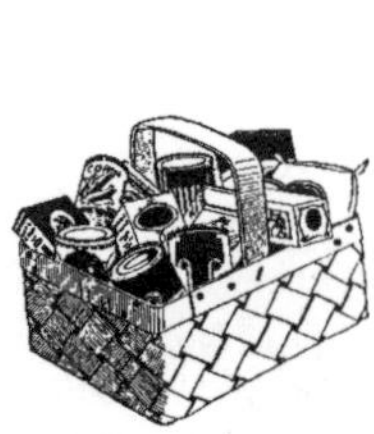

- Huiles V.P.P.F.: olive ou sésame[f]; et tournesol[f] (remplacez par de l'huile de carthame[f] si l'huile de tournesol vous semble trop forte de goût).
- Du sel marin non raffiné.
- Les indispensables en cuisine nature : du parmesan[f] Reggiano, des citrons frais, des échalotes, de l'ail ; les herbes du bouquet garni (laurier, thym) ; du bouillon de légumes en cubes ou poudre pour les potages.

D'ACHATS

- Du gingembre en poudre pour le *Carpaccio de coquilles Saint-Jacques.* Pour les pros : une racine de gingembre[f] que l'on gardera pour un *Thé aux épices* ou les *Jus Frais.*
- ÉPICES : du poivre en grains (à mouliner manuellement); du curry, paprika ou cumin pour le *Chèvre Chaud*, que l'on pourra aussi utiliser dans une *Sauce Quasi Crue au Curry*, un plat au wok, du poivre rose pour le *Tartare de saumon* qui pourra aussi parfumer des pommes ou des poires au four ou pochées. Les épices se conservent environ un an, en pot hermétiquement fermé
- ALGUES[*2] izikis et dulce, ou salade du pêcheur pour le *Caviar d'algues.*
- Sauce anglaise et câpres pour le *Steak tartare* (n'existent pas en bio à ma connaissance). De la sauce soja douce (shoyu ou tamari) pour les *Sushis*, les *Lanières de Volaille* ou *Bonbons de Saumon.*
- NOIX. Des pignons de pin pour les *Salades*, des noix de Grenoble pour le *Beurre d'ail*, à remplacer par toute autre oléagineuse (amande, noix de cajou, etc.). Ces graines seront grignotées en en-cas et sont aussi utilisées dans diverses trempettes[*3] et dans les petits déjeuners (voir le livre du même nom).
- CÉRÉALES : boulghour de blé ou couscous d'épeautre pour les *Petits légumes à la vapeur et chèvre;* ou quinoa et riz semi-complet pour accompagner en légèreté des plats sans gluten.

Les fonds de placard, les outils de base et les achats hebdomadaires ont déjà été présentés en détail dans mon livre « Cuisine Nature... à Toute Vapeur ».

---

[f] Les produits marqués d'un [f] sont conservés au réfrigérateur

[*1] **marguerite**: petite grille à pied qui s'ouvre comme une fleur, plus ou moins en fonction de la dimension de la casserole où elle est placée; on n'y cuit souvent qu'un seul aliment à la fois, du fait de sa petitesse; idéal pour les séjours en vacances. Voir illustration des marguerite et cuit-vapeur électrique page 21.

[*2] Ces algues peuvent aussi être pulvérisées au mouli-légumes ou au robot pour agrémenter un potage ou une salade. Ces produits se trouvent dans les magasins de produits naturels.

[*3] **trempettes ou tartinades**: tout type de purée présentée dans mes autres livres (*Caviar d'aubergines*, *Hoummous* de pois chiches, *Guacamole* d'avocats, Caviar de Tournesol, etc.) pouvant être utilisé en *dip* d'apéritif (dip signifie plonger). Elles peuvent aussi se tartiner sur du pain ou des légumes crus ou cuits.

Fromages et œufs

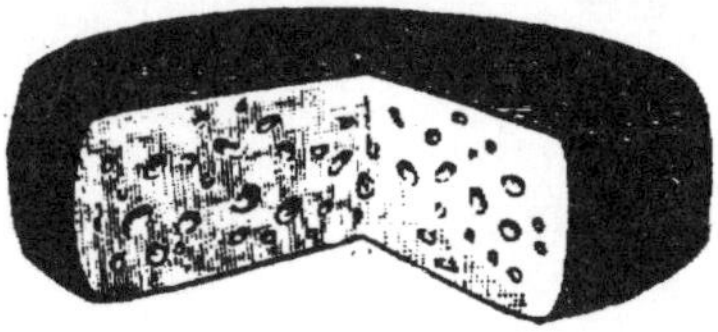

Itinéraire pour les débutants

Pour commencer la découverte du monde du quasi cru, nous reverrons les principes de la cuisson à la vapeur douce*, si proche de l'état originel cru, dans la recette des *Petits légumes à la vapeur et chèvre* (page 18). On servira ce plat sur un lit de boulghour* et on l'assaisonnera d'un filet d'huile et de jus de citron, sans plus de chichis. Il s'agit d'un menu complet, préparé et cuit en quelques instants. Cette première recette est très détaillée à l'intention des débutants en cuisson vapeur. Le même pavé de chèvre frais peut être passé au gril quelques instants (à peine décrudi), animé de quelques épices et présenté sur une tranche de pomme : *Chèvre chaud aux épices orientales* (page 24). On pourrait aussi ajouter n'importe quel fromage de lait cru (roquefort, comté, etc.) dans une salade comme la *Salade Folle de Crudités d'Automne et Raisins* (page 98).

* les principes de la vapeur et la cuisson des céréales comme le boulghour ont été vus en détail dans *Cuisine Nature... à Toute Vapeur.*

Fromages. Autres recettes de cru ou quasi cru

S'ils sont à votre goût, tous les fromages de lait cru, qu'ils soient de vache, de chèvre ou de brebis, sont très faciles à intégrer dans un quotidien plus cru. Agrémentez d'un peu de feta ou d'un picodon râpé une salade variée. Associez du bon pain au levain et du fromage de lait cru (frais ou affiné), ajoutez du comté râpé dans un bon bouillon maison, réalisez des desserts maison au fromage de faisselle ... Ce ne sont que quelques idées pratiques à base de fromages de lait cru. Les recettes à base de yaourt (*Sauce Raita, Velouté de Concombre et Fenouil*) ne sont jamais crues, car le yaourt est cuit à la source pour des raisons techniques de prise en caillé. Cela reste un aliment très ressourçant, bien sûr. Je propose d'autres recettes crues ou quasi crues de fromages dans *Cuisine Nature ... à Toute Vapeur :* les *Tartines Printanières,* le *Toast au Chèvre Chaud,* le *Fromage Frais aux Petits Radis,* la *Salade de Chou blanc aux Pignons et Chèvre,* la *Salade Liégeoise au Chèvre.* Voir aussi dans *Tartes et Légumineuses,* la *Tarte au Chèvre et Ciboulette*, seule recette de ce tome où le fromage reste quasi cru.

Choisissez l'épure

Achetez les aliments les plus bruts, les moins transformés : à chaque nouvelle manipulation, l'aliment perd une partie de ses nutriments. Il faut alors tours de mains ou additifs pour restaurer leur saveur initiale.

PETITS LÉGUMES À LA VAPEUR ET CHÈVRE

Des petits légumes de saison sont émincés et cuits à la vapeur en quelques minutes, pendant que gonfle dans de l'eau bouillante du boulghour (variante de couscous, germé). On les servira avec une tranche de chèvre fondu à la vapeur ou au gril, ou avec le même chèvre frais simplement émietté sur l'assiette. En quinze minutes, un repas complet et exquis, qui ne requiert aucun coup de main culinaire pour être une réussite parfaite. La jardinière de petits légumes peut être résumée à quelques carottes ou poireaux émincés.

recette spécial jules

- 150g boulghour
- 250g carottes
- 100g céleri
- ½ fenouil
- 200g haricots verts
- 4 cœurs d'artichauts cuits
- 100g de chèvre frais

Variante sans gluten: quinoa ou riz basmati

- cuisson: 15min.

BOULGHOUR

❶ Pendant la cuisson des légumes, faites gonfler le boulghour rincé à l'eau claire dans deux fois son volume d'eau bouillante pendant une quinzaine de minutes, à couvert. Salez en fin de gonflage et aérez à la fourchette. Ajoutez éventuellement un fin filet d'huile d'olive. Si le boulghour est resté croquant, ajoutez un peu de liquide bouillant et couvrez à nouveau.

Une règle de bon sens pour ne pas se compliquer la vie : tant qu'il y a de la saveur dans un végétal cru ou cuit en douceur, il y a de l'énergie.

LEGUMES

❷ Lavez, parez* et taillez les légumes juste avant la cuisson : les carottes en fins bâtonnets, le céleri en lamelles, le fenouil en fines tranches et les haricots verts en petits tronçons. Cela harmonisera les temps de cuisson à la vapeur.

❸ Faites bouillir ½ LITRE D'EAU dans le fond du cuit-vapeur*: il faut dégager beaucoup de vapeur.

cuit-vapeur, voir aussi page suivante

❹ Dès les PREMIERS BOUILLONS déposez successivement dans le panier perforé du cuit-vapeur : les carottes et les haricots verts, que vous laisserez cuire pendant 5 minutes; puis le fenouil et le céleri, pendant encore 10 minutes. Couvrez à chaque opération. Cinq minutes avant la fin de la cuisson, ajoutez les cœurs d'artichaut : ils se réchaufferont sans cuire davantage.

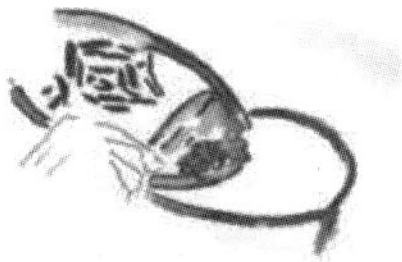

❺ CHEVRE CHAUD. Déposez quelques tranches sur une assiette à dessert, dans le cuit-vapeur. Elles fondront en 5 minutes environ. Vous pourriez aussi préférer déguster le chèvre émietté, frais, en direct sur l'assiette, après cuisson. Le tout aura cuit 15 minutes. Salez, poivrez et versez un filet d'huile d'olive avant de servir.

C'est la technique du soliste. Option entre amis : sur le plat de service, disposez les légumes et le fromage fondu autour d'un lit de boulghour. Assaisonnez.

---

* **parer**: ôter les parties dures, immangeables.
* **cuit-vapeur**:casserole inspirée du couscoussier maghrébin (fond de casserole + paniers perforés ne touchant pas l'eau + couvercle); on verse un fond d'eau et la vapeur seule cuit l'aliment.Voir aussi page suivante.

Avec ou sans laitages?

Les diététiciens nous poussent à consommer plusieurs portions de laitages par jour. D'autres conseilleurs nous suggèrent de nous en priver. Quelle confusion dans le cœur du mangeur ! Le sujet est si complexe qu'il mérite un livre entier : *Qui a Peur du Grand Méchant Lait?* que je publierai d'ici quelques mois dans la même collection.

Vertus de la cuisson à la vapeur douce

Avec le four doux, la cuisson à la vapeur douce (par opposition à la vapeur « dure » de la casserole à pression) est la cuisson la plus proche du cru, celle qui préserve le mieux les nutriments essentiels, parmi lesquels les tout précieux acides gras* dont nous sommes beaucoup à être carencés. Pour en apprécier la véracité, faites le test sincèrement de pommes de terre et poireaux cuits à la vapeur douce : plus besoin de sel ! Inutile de se répéter puisque j'y ai consacré un livre entier : *Cuisine Nature... à Toute Vapeur* (en particulier quelques paragraphes sur le côté si pragmatique et rapide de la cuisson vapeur). Un dossier complet est accessible via le site.

* **acides gras essentiels**: composés des corps gras que le corps ne peut synthétiser; l'apport alimentaire en est indispensable.

Comment synchroniser un repas à la vapeur?

Pour cuire la recette de la page précédente, il vous suffira de trois à cinq minutes pour préparer et laver les légumes puis de quinze minutes de cuisson à la vapeur douce, presque sans surveillance.

20 h 01. Faites chauffer l'eau du cuit-vapeur. Dès qu'elle bout, déposez les premiers légumes lavés et taillés. Laissez cuire 5 minutes.

20 h 06. Ajoutez dans le même panier le fenouil et le céleri en lamelles. Laissez cuire encore 5 minutes.

20 h 11. Ajoutez les cœurs d'artichaut à réchauffer et les tranches de chèvre (que l'on pourrait mettre sous le gril, sur du papier sulfurisé).

À 20 h 16, le repas est prêt. Vérifiez de la pointe d'un couteau la cuisson des légumes. Le chèvre est fondu (doré s'il était au four). Ajoutez un filet de citron et un tour du moulin à poivre, un peu d'huile d'olive ou de la sauce de votre choix. Pendant ce temps-là, vous avez mis la table et débouché une bonne bouteille. Bon appétit. De 20 h 01 à 20 h 16... Tout de même !

Cuissons douces

Le crudivorisme total n'est pas la solution pour tous les mangeurs. On peut profiter de la cuisson douce pour les végétaux, qui laissera les aliments les plus proches possible de l'état cru. Sont ici dites cuissons douces toutes celles qui ne dépassent pas 100°C, soit :

1. les cuissons à la vapeur douce
2. les cuissons au four doux à 85°C
3. les cuissons à feu direct mais à feu tout doux : poêle à l'étouffée en matériel Baumstal ou assimilé

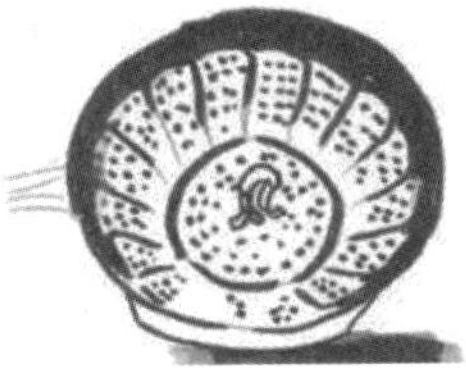

Marguerite à vapeur
Pour la cuisson avec une marguerite, il faut assez d'eau pour qu'elle affleure les légumes sans les toucher. Les légumes cuiront plus lentement, puisque moins de vapeur sera dégagée.

Cuit-vapeur électrique. En marguerite et dans le cuit-vapeur électrique, il faut parfois doubler les temps de cuisson.

paniers à vapeur en bambou, à déposer sur une casserole

Les durées de cuisson à la vapeur douce dépendent de l'âge et de la qualité des légumes, du type et de la taille de votre cuit-vapeur et de la vapeur dégagée. Tableau des durées de cuisson sur le site ou en annexe de *Cuisine Nature... à Toute Vapeur.*

CE SONT SURTOUT LES MATIÈRES GRASSES ET LES PROTÉINES QUI DOIVENT RESTER LE PLUS PROCHE DU CRU, EN TOUT CAS NE PAS DÉPASSER 40-50°C ET 90-100°C RESPECTIVEMENT.

Œufs

Pour les végétariens qui souhaitent s'abstenir de laitages, les œufs offrent une solution parfaite en terme de protéines, à condition de ne pas dépasser les doses sages. Les plus récentes études sérieuses estiment que l'excès commence à 30 œufs par semaine ! De toute façon, qui voudrait manger des œufs tous les jours, durant toute l'année ?

Vous ne les digérez pas bien ? Essayez donc les œufs frais de poules qui courent et picorent, crus ou cuits à la coque ou mollets. Le jaune est encore cru. Ils sont généralement alors bien digérés par les plus fragiles des mangeurs. Dans sa très efficace pratique, la doctoresse Catherine Kousmine affirmait que la consommation de deux jaunes d'œufs crus par jour pouvait remédier aux plus anciennes anémies. J'en ai recueilli plusieurs témoignages directs.

Œufs. Autres recettes de cru ou quasi cru

J'ai détaillé par ailleurs[*1] les recettes d'*Œufs Mollets*, d'*Œufs Cocotte* et d'*Œufs Brouillés à la Vapeur*. Vous pourriez ajouter un jaune d'œuf cru dans une *Mousse de Légumes*, dans un potage maison, dans une *Crème de Bananes*, dans un *Lait de Poule*. Ou encore préparer des *Spaghetti Carbonara* où les œufs restent crus. Ils restent aussi crus dans une *Mayonnaise*, une *Crème Anglaise* ou une *Sauce Hollandaise*.

[*1] La liste compilée de toutes les recettes publiées dans mes livres et dans le bimestriel, classées par catégorie, se trouve sur le site. Voir aussi pages 106 & 108 (*Sources des recettes en Cuisine Nature mentionnées dans ce tome*).

Cuit-vapeur ou microondes?

Le cuit-vapeur permet de réchauffer des plats ou des restes aussi vite qu'aux microondes. Et zou et voilà, je m'épargne de polémiquer sur la théorie, ce qui alourdirait par trop un livre de recettes. Les fours à microondes ne font pas l'unanimité. Ce n'est pas tant qu'ils coûtent chers à l'achat. Il serait indispensable, idéalement, de les faire vérifier tous les ans pour prévenir d'éventuelles fuites, lesquelles se produisent très souvent dès les premiers mois d'utilisation. Les plus fins becs parmi les gastronomes font la grimace à l'idée même du microondes car le goût est altéré par ce genre de cuisson flash. Les microondes dégradent à toute allure les anti-oxydants des aliments. Ils accélèrent le vieillissement des excellents aliments que vous prenez tant de peine à bien choisir. Dommage, non ? Plus d'info dans les dossiers bavards sur le site.

Croyez-vous pouvoir ne jamais vous passer des microondes ? Comment faire, direz-vous, si votre aînée revient tard, affamée, de sa séance de basket et si vous lui avez préparé une assiette garnie ? Voici une réponse, sans microondes, une technique à la portée de tous, pas chère, rapide et facile : déposez l'assiette à réchauffer dans le panier perforé du cuit-vapeur où bout un fond d'eau. En une à deux minutes, c'est réchauffé. J'y réchauffe même du café – dans sa tasse bien sûr. Seul cas où ce recours ne donne rien : les pizzas et les tartes aux légumes... à noter que dans ces cas, le microondes ne donne rien non plus...

FULL RESPECT

Choisissez des recettes qui respectent les aliments au plus près. Au sortir de la cuisson, ils devraient encore être intègres et savoureux seuls. Ils n'auront alors besoin ni de sauces-couverture ni d'assaisonnements excessifs.

CHÈVRE CHAUD SUR POMME ET ÉPICES ORIENTALES

Une version nouvelle du grand succès des entrées : d'épaisses tranches de chèvre frais fondent au four sur des tranches de pommes en lieu et place du classique toast. Chaque convive peut, à notre nouvelle mode libertaire en cuisine, préparer sa propre entrée en saupoudrant, avant la cuisson, qui de paprika, qui de curry, de cumin ou de coriandre. Il n'est indispensable de napper le chèvre passé au four, avec du miel. Oui, c'est un truc classique, mais le miel risque de couper l'appétit s'il est servi en entrée, comme tout aliment sucré.

- 4 grosses rondelles de bûche de chèvre ou 4 moitiés de petits fromages de chèvre, soit environ 300 g
- une pomme
- épices en poudre: paprika, cumin, curry, coriandre, gingembre
- cœur de scarole

- cuisson: 8 min.

❶ Déposez une tranche de bûche (d'environ 2 cm d'épaisseur) ou un demi-fromage frais sur chaque fine tranche de pomme.

A. N'évidez surtout pas le cœur des pommes, car le fromage coulera. Ben oui, c'est parfois trop tard, il vaut mieux rappeler des évidences.

B. Les bûches se tranchent joliment avec du fil à couper le beurre maison: du fil de couture...

C. N'étalez pas au couteau, les tranches s'étaleront d'elles-mêmes. Elles doivent rester épaisses pour la texture.

❷ Laissez chaque convive saupoudrer de l'épice de son choix, éventuellement avec deux gouttes de miel. Modérez les élans, il ne faut pas que cela devienne du miel au chèvre.

❸ Passez 8 minutes au grill du four. Nul besoin de préchauffer.

❹ Servez sur une salade de cœur de scarole.

Zakouskis sans pain

Au cours des cures antifatigue*[1] ou lors de certains régimes santé comme le R.G.S., on évite les farineux comme le pain, classiquement utilisé pour les toasts de chèvre, et même les substituts de pain sans gluten*[2] (faits maison ou du commerce.). Cette recette-ci permet de remplacer la tranche de pain par une tranche de pomme qui produira en outre dans le palais un exquis contraste de texture avec le chèvre. Adaptez de la sorte la recette du *Chèvre chaud* du tome 1, où les tranches de chèvre sur toasts sont servies nappées de raisins secs marinés au sherry. On verra page 102 d'autres idées de substituts de pain.

Personnaliser

Notre *Chèvre Chaud sur Pomme* est le prototype de la recette moderne : chacun peut personnaliser son plat, sans que le cuisinier ne doive se surcharger de travail. C'est dans le même esprit que l'on composera des pizzas familiales. On dépose sur la table tous les ingrédients, chacun se compose sa pizza personnelle et la cuit. Tout le monde est content. Qui plus est, ce système peut contribuer à constituer une liturgie familiale, un cérémonial indispensable par nos temps débridés, sans liens.

---

*[1] **cure antifatigue**: version gourmande du jeûne thérapeutique, cette cure hypotoxique saisonnière est surdosée en aliments denses et draineurs naturels, dépourvue d'excitants et d'allergènes cachés (additifs, blé et gluten, laitages, etc. - voir le livre éponyme dans la même collection, via la page 106).

*[2] **gluten**: acide aminé présent dans le blé et qui semble provoquer des allergies retardées ou cachées. Il est aussi présent dans l'épeautre, le seigle, l'orge, l'avoine (absent dans le maïs, le sarrasin et le riz). Voir « manger sans gluten ne suffit pas » dans le dossier électronique.

Adapter la recette au fromage frais maison

La recette de *Chèvre Chaud* se conjugue tout à fait bien au fromage frais de faisselle, à condition qu'il soit bien égoutté. Il doit être au lait cru pour être ressourçant.

fromage frais: trouvez une source de fromage fermier au lait cru. Dans les autres cas, il est pasteurisé - homogénéisé si pas UHT, donc moins ressourçant. L'idéal est le fromage caillé maison sans présure, riche en ferments lactiques.

Aliments de qualité

Pour des détails gastronomiques, des conseils d'achat de qualité et de bon sens, voyez tous les ouvrages de Jean-Pierre Coffe ou d'autres gastronomes à option ménagère. Vous y apprendrez l'historique des produits de table, comment ils sont fabriqués chez l'artisan, comment les acheter au mieux et au meilleur prix... Vos gentils commerçants du marché seront aussi d'irremplaçables conseillers sur les saisons de chaque produit, sur le moyen idéal de le conserver, de lui laisser donner le meilleur de lui même.

Variez les légumes, doublez les doses de frais

Choisissez des légumes de couleurs variées. Ils apportent des vitamines, minéraux et micronutriments différents selon leur couleur. Épinards (vert), poivrons (jaune), tomates (rouge) ou topinambours (beige) se succéderont à votre table.

En alternant les couleurs, vous vous assurerez d'un apport équilibré en toutes sortes de bienfaits de la nature, sans devoir vous inscrire à un troisième cycle de nutrition en cours du soir...

Lors de cures antifatigue ou protéinées, les légumes nous sont indispensables en grande quantité pour leur apport en fibres, qui font office de camion-balai de l'intestin, de nettoyant de débris divers, autant que pour leur richesse en vitamines et minéraux. Ces derniers sont essentiels à l'équilibre général, en quantité et variété. À titre d'illustration, la vitamine C favorise l'assimilation du fer, qui lui-même intervient dans quantité de réactions métaboliques indispensables. Le zinc, dont le pain blanc a perdu 90 % de sa teneur, régule le taux de cuivre dans le corps et intervient dans la composition de 80 enzymes différentes. S'il vient à manquer une partie seulement de l'apport nécessaire, il peut s'ensuivre une cascade de dysfonctionnements : trop de cuivre, des enzymes manquants...

En temps normal, la nature compense les subcarences chroniques ou momentanées, par de subtiles actions et rétroactions du système nerveux. À la longue, elle se fatigue à compenser, dis donc ! Il est aussi des situations de stress (opération chirurgicale, accident ou simplement changement majeur de vie) qui sont très gourmandes en micronutriments et vident vos réserves. Il faut dans alors veiller à un apport tout à fait équilibré en nutriments, en d'autres mots remettre à neuf le compte en banque de vos vitamines et minéraux. Ce sont les légumes (et, dans une moindre mesure, les fruits) qui vous aideront dans cette tâche. Plus ils sont crus, plus ils semblent thérapeutiques... En temps de cure antifatigue, nous profiterons du calme auto-imposé pour recharger les batteries au naturel.

Beaucoup de légumes crus: les jus

Vous ne supportez pas les légumes crus ou vous n'aimez pas les crudités ? Les légumes cuits à la vapeur douce ou au wok sont encore quasi crus et vous apporteront tous les bénéfices d'un crudivorisme sage. Dans l'idéal, vous consommerez les légumes et les fruits sous leur forme de jus frais, pressés chez vous. Comme ils sont dépourvus de fibres, ils ne fatiguent pas le système digestif. Les fibres reviendront à l'ordre du jour lorsque vous aurez récupéré la force vitale nécessaire à les traiter. Lorsqu'un jules en soliste n'a pas le cœur à l'ouvrage pour se préparer des petits légumes pour soi tout seul, les jus frais constituent la solution rêvée pour aller directement à l'essentiel et bénéficier de tous les avantages des légumes, source de vie.

Gourmands et cuisine nature

Des gourmands ne voudraient, pour rien au monde, se commettre avec cette « Cuisine nature ». Ne la confondent-ils pas avec la version intégriste de la cuisine végétarienne ? L'on s'imagine le plus souvent qu'une approche « santé » se formule en fatwas : il faudrait arrêter ceci, éliminer cela, interdire tel aliment, etc. A cela, je réponds que la cuisine nature n'exclut pas nécessairement les viandes, qu'elle s'appelle « nature » parce qu'elle est d'abord nourricière. Il s'agit tout simplement de veiller à la qualité irréprochable des produits de base pour bénéficier de leurs qualités nourricières (que le traitement industriel leur fait irrémédiablement perdre). L'on peut ensuite, grâce à ces qualités retrouvées, repenser les proportions pour retrouver l'équilibre selon sa propre nature, son profil métabolique individuel. Nous n'y sommes pas encore habitués en Occident, mais tous les mangeurs ne sont pas faits pour les mêmes plats !
La cuisine nature a été largement illustrée dans *Cuisine Nature ... à Toute Vapeur* et dans tous les dossiers électroniques. Tour de force : ce sujet complexe y est même résumé en une page ! Tous ceux qui ont goûté ce type de cuisine en sont revenus enchantés, gastronomes avertis ou carnivores endurcis. Il faudra peut-être évidemment tabler sur une période de transition, par exemple en salant encore beaucoup au début et en passant aux herbes aromatiques petit à petit. Utilisés en excès, la crème fraîche et le beurre ne sont parfois que de la triche, des artifices pour déguiser des plats sans rehauts. Ne serait-ce d'ailleurs pas un défi aux yeux d'un gastronome que d'arriver à cuisiner sans tricher ?
Gastronomie rimera avec cuisine nature dans les faits. Les deux tendances recherchent le même type de produit. Les approches sont similaires. Pour le gastronome, ce sont la qualité et la fraîcheur des aliments qui garantissent qu'on en exprimera l'essence. Pour le cuisinier nature-santé, cette qualité est un apport d'information de structure, propre à nourrir la conscience du corps. On entendra les mêmes ritournelles dans l'un et l'autre cas : ciselez finement les herbes pour ne pas gâter leur goût dans un cas, pour ne pas les dénaturer dans l'autre; choisissez des fromages de lait cru pour leur arôme dans un cas, pour leur bio-disponibilité et leurs ferments lactiques dans l'autre.....

Poissons et fruits de mer

En plein dans le cru !

Ce sont les produits animaux qui méritent le plus le cru ou le quasi cru. Amorçons notre découverte par les poissons et les produits de la mer. Pour les jours de fête, on servira un poisson tout cru : le *Tartare de saumon en aumônière* (page 31) avec une salade mêlée et une *Sauce Crème de Basilic* (ou de cresson en hiver). La même recette au quotidien sera un simple tartare servi avec des légumes de saison et de région. Dans l'esprit *P.P.P.P.* (paresseux productif pressé... et peu religieux), j'innove ici avec une de mes recettes de fauchée : les *Sushis sans souci* (page 35). C'est à chaque convive de s'amuser dans sa propre assiette, vous n'aurez préparé que les ingrédients. Une recette simplissime (encore une inratable !) permet de préparer du poisson cru : le *Gravlax* suédois de saumon (page 37 - saumon cru mariné en saumure sèche). Le poisson frais peut être cuit à la vapeur douce*, mais aussi cuit en douceur au four doux à 85°C, la technique inratable pour les débutants. Essayez un *Pavé de Saumon au Four Doux* (page 42), vous en viendrez vite à réaliser d'autres recettes sur le même mode : *Maquereau au four doux, Calamars, Bonbons de Saumon* (tous p. 45). Dans un livre de cuisine, je vous dois quelques

* technique largement détaillée dans *Cuisine Nature... à Toute Vapeur*

fioritures : on s'essaiera alors au *Saumon au four doux à l'unilatérale à-la-This* (p. 44). Je propose aussi deux autres versions de la mer : le *Carpaccio de coquilles Saint-Jacques au Jus de Gingembre* (p. 54), cru de chez cru et une *Assiette marine d'été* (p. 51), composée de crustacés et de calamars à peine décrudis. Les *Filets de rouget marinés* (p. 58) permettent de se régaler de filets de poisson crus marinés et de goûter cette exquise céréale encore trop méconnue : le quinoa. Ce chapitre intègre le dossier sur les fabuleuses cuissons au four doux : historique et principes. La famille des recettes de la mer inclut le *Caviar d'Algues* (p. 100) et le *Foie de Morue* (p. 83).

Amis végétariens qui acceptez les produits de la mer, soyez attentifs à limiter vos choix à deux fois par semaine maximum. Les poissons et crustacés sont aussi riches en résidus... Alternez avec des œufs et des fromages, sans oublier les légumineuses et oléagineuses bien sûr.

Restez simple !

Parce qu'on a peur de lasser, la tentation est grande de varier à l'excès l'assiette dans ce nouveau mode alimentaire. Or, une grande diversité d'aliments à table engendre chez tout un chacun le syndrome dit « de la cafétéria » . Tout paraissant appétissant, le mangeur goûte de tout et dépasse sans le vouloir son seuil de satiété. Du coup, l'on s'habitue très vite à manger trop. Il faut donc être raisonnable et interpréter ce mantra nutritionnel « *Mangez varié* » en variant d'un jour à l'autre les apports sans en multiplier le choix à chaque repas...

TARTARE DE SAUMON EN AUMÔNIÈRE

Un repas de fête qui peut même faire plaisir en cuisine de soliste ! Une farce de saumon très frais, haché avec des échalotes, de la moutarde et des herbes, est roulée dans une tranche de saumon fumé. Ce sera un régal avec une simple salade croquante. Les vrais jours de fête, on accompagnera le tartare en aumônière d'une Sauce aux Herbes.

- 300 g de filet de saumon frais sans la peau et sans les arêtes
- 2 échalotes hachées
- 2 poignées de persil plat et de ciboulette
- 1 cuill. c. de moutarde de qualité
- 2 cuill. s. d'huile d'olive P.P.F.
- un jus de citron (le citron vert est moins acide que le citron jaune)
- 4 belles tranches de saumon fumé
- sel
- poivre (rose : très parfumé, sinon gris)

❶ Hachez au couteau le saumon frais, débarrassé de ses arêtes.

Ôtez préalablement ses quelques arêtes à la pince à épiler ou en les pinçant au doigt (plus difficile).

Pourquoi le couteau et pourquoi pas le robot ? Haché au robot ménager, le saumon deviendrait écœurant.

hachez le saumon au couteau

❷ Hachez le persil plat et les échalotes très finement – le robot remplit bien sa tâche ici pour celui qui ne cisèle pas à la main. Ajoutez la moutarde, le sel, le poivre moulu, l'huile et le citron. Mélangez intimement. Laissez reposer une heure au frais.

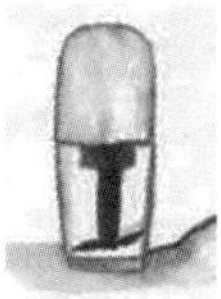

hachoir électrique

❸ Déroulez le saumon fumé, répartissez un peu de farce sur chaque tranche, refermez en roulade ou en aumônière. Dressez sur une assiette avec une variante de la *Crème de basilic*, ou un peu de *Mayonnaise aux herbes.*

« couteau japonais » pour se la jouer pro... votre prochain cadeau de fête...

Voici un premier plat cru de chez cru, à comparer avec la recette du *Steak Tartare* ou du *Gravlax* suédois. Je constate, sans pouvoir me l'expliquer, que les protéines animales sont d'autant plus ressourçantes qu'elles sont crues ou quasi crues. C'est en tout cas ce qu'observent sur le terrain des générations de crudithérapeutes depuis le bon docteur Henry Bieler qui officiait dans les années 1920. A ma connaissance, aucune recherche scientifique rigoureuse n'a encore abouti à percer ce divin mystère. Pourquoi forcer le trait ? Malgré leur indéniable bonne volonté, les promoteurs de la crusine (cuisine du cru, bien vu !) se laissent emporter au-delà du raisonnable par leur désir de convaincre. Les allégations scientifiques dont ils peuplent leurs multiples incantations n'ont pas grand-chose de rigoureux. Imaginez qu'une ménagère comme moi peut démonter ces arguments en trois lignes, comme dans le dossier bavard... Faisons plus simple, plus humble : vérifiez sur vous-même le résultat d'une consommation de viandes et poissons crus ou quasi crus. Cela se fera « sentir » au naturel... au travers de la disparitino de diverses odeurs corporelles...

Fraîcheur des aliments

Les poissons crus sont une spécialité du Japon, les poissons marinés, de Tahiti : l'un ou l'autre de vos amis japonais ou tahitiens devraient pouvoir vous céder ses secrets de cuisine. Vous vous constituerez alors une panoplie de recettes à la dynamite – à condition d'avoir trouvé un poissonnier de toute première confiance.

acides aminés: blocs de (dé)construction composant la chaîne d'une protéine; certains sont essentiels car le corps ne peut les fabriquer seul ; d'autres peuvent être synthétisés dans l'organisme.

Mais...le poisson contient un acide aminé qui se dégrade très vite. Il est donc exclu de préparer en version crue du saumon acheté hier ! Vous n'en mourrez pas, mais une intoxication alimentaire n'est pas un épisode agréable. Il faut savoir qu'à part quelques cas de pêche en embouchure ou de pisciculture, les délais entre la pêche et votre achat sont déjà d'une semaine.

Tous les plats de poisson et crustacés crus exigent des ingrédients d'une fraîcheur irréprochable. Gardez sous la main, en toutes circonstances un peu de charbon de bois activé (pharmacie). Au premier signe de malaise, il viendra bien à point...

Crème de basilic ou de cresson

Une sauce pétillante pour accompagner des légumes vapeur ou pour dessiner un joli filet vert émeraude sur l'assiette de service du *Tartare de Saumon*. Elle agrémentera aussi des pâtes, des volailles, des sautés, des crudités, des terrines de petits légumes. Du basilic frais est mouliné dans de l'huile de qualité. En hiver, on mouline du cresson. Cette sauce minute conserve quelques jours au frais.

- 2 poignées de basilic (du cresson en hiver)
- ½ verre d'huile d'olive V.P.P.F.
- sel marin
- étamine

➊ À l'aide du petit moulin électrique, moulinez très finement dans l'huile les feuilles du basilic effeuillé, lavé et séché dans un linge. Ajoutez une pincée de sel marin.

➋ Filtrez dans une étamine* en pressant pour extraire tous les sucs et pour produire une texture plus subtile. À défaut d'étamine, utilisez n'importe quel linge fin. Mieux encore : pressez le jus de basilic ou cresson à l'extracteur multifonctions et ajoutez pour moitié d'huile.

extracteur de jus multifonctions

*** étamine ou mousseline:**
linge fin, gaze similaire à un tulle de mariée à mailles très serrées ; il vous servira aussi pour filtrer les gelées, égoutter les fromages frais, faire germer des graines, nouer des aromates.

Pour un jules qui se rebranche nature

À l'ami François qui croit que je pourrais résumer la cuisine saine en trois pages...

À l'ami Jacques qui veut une liste détaillée des bons aliments et des méchants...

À ma chère Léah qui croit qu'il est une méthode valable pour tous, l'hypotoxique de préférence

Je ne peux que vous offrir des pistes d'exploration, des outils pratiques de transition que vous intégrerez dans votre propre poupée russe.

Poupée russe ?

Première couche : le conditionnement culturel ambiant et votre propre posture à son égard (franc-tireur, rebelle ou conformiste ?). Deuxième : votre confort individuel, la facilité culinaire dans le tourbillon que vivent les guérilleros citadins. Troisième : l'image que vous vous faites de vous-même (grand chef ou retour aux sources ou cuisinier-médecin ou encore pilier familial ?). Quatrième : vos dépendances alimentaires individuelles (cela peut aller de l'alcool, des sucres, des farineux, jusqu'aux épices fortes). Cinquième : votre historique personnel, les souvenirs affectifs (ah ! les sauces au beurre blanc de Meuman...). Sixième : votre génétique familiale.

Septième : ouf, on arrive peut-être à votre être profond ?

Imaginant que je m'adresse ici aux baroudeurs urbains qui ne connaissent de la cuisine que le microondes et les potages surgelés... mais qui veulent se rebrancher nature sans grimace, je n'ai qu'à me rappeler mes propres réflexes, habitudes et conditionnements de célibattante d'il y a à peine dix ans.
Qu'aurais-je aimé apprendre en premier ? Mes premiers livres dans la collection (voir page 106) regorgent de conseils de base pour les débutants. Les recettes du bimestriel Cuisine Nature sous la rubrique « Chérubins » sont même écrites pour des petiots ! Je propose sous le logo ci-contre des astuces pour les achats ménagers, les réflexes de conservation, les ressources de placard du célibataire.

SUSHIS SANS SOUCI

... que l'on pourrait aussi appeler « Sushis à la Cuiller ». Cette recette permet au cuisinier de s'épargner une partie de la tâche les jours de presse ou à un soliste d'improviser un délicieux repas frais. En vingt minutes en cuisine par jour, je n'ai pas le temps de faire beaucoup de chichis et de pompons. Or, nous adorons les sushis et sashimis à la maison et cette version anar' nous va. Ici, chaque convive se compose sa propre bouchée et la déguste dans des larges cuillers en céramique : riz, gingembre, moutarde, soja, poisson cru. Pardon pour cette version cavalière express à tous les grands maîtres japonais qui n'ont pu toucher leur premier couteau qu'après six ans d'observation de leur propre maître...

- 80g de riz glutineux (ou riz rond existe en bio; sinon riz demi-complet) à cuire à l'eau*
- 400g de filets de saumon
- gingembre mariné (existe en bio)
- sauce soja
- moutarde wasabi (ou moutarde ordinaire, bio)

* Les jours plus festifs, vous réaliserez les sushis en version classique en préparant du riz vinaigré (recette détaillée sur le site, où j'ai aussi repris des photos des ingrédients).

❶ Il suffit à celui qui se déclare cuisinier du jour de tailler le saumon en fines tranches de maximum 3 centimètres de long (la taille de la cuiller). Il prépare aussi pour chacun une coupelle de soja, avec un peu de gingembre mariné et de moutarde.

❷ Chaque convive prépare cuiller par cuiller en dosant à sa manière : une demi-cuill. café de riz, une pointe de moutarde, une lamelle de gingembre mariné, une goutte de sauce soja, une lamelle de saumon.

les sushis à la cuiller

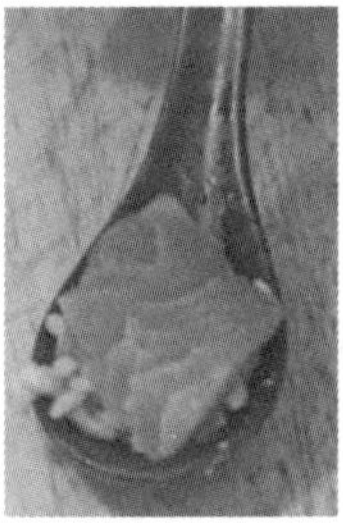

La moutarde **wasabi** est du feu à l'état pur : on la dose à la molécule près. Essais avec du wasabi de grande surface : une horreur fluo, au goût infect ! Faute d'en avoir de la bio sous la main, je préfère largement ma moutarde lisse bien françouaise. L'utilité du gingembre que l'on mange entre les bouchées lors de dégustations de sushis est de nettoyer le palais. Mais j'aime tant le contraste des textures lorsqu'il est intégré dans la cuiller... Autre atout santé de cette recette au juste équilibre nutritionnel : le saumon qui, s'il est encore sauvage, plonge profond dans les mers et se constitue donc une bonne couche naturelle de graisse riche en Ω-3. Je ne m'étends pas sur le sujet car vous aviez deviné cet atout-là. Dans la version aux algues, l'algue apporte le juste complément en protéines végétales.

Sushi, Sashimi, ça m'dit?

Les sushis et les sashimis (sushis sans le riz), ou poissons cru à la japonaise, font l'objet d'innombrables livres et d'une foule de sites entièrement voués au sushis, avec galeries de photos et de recettes. Les adresses de sites que je mentionne sont plus proches des traditions : vous y apprendrez comment préparer le vrai riz vinaigré, choisir les poissons appropriés, etc.

En avant vers nos aïeux

Anciennement, le riz des sashimis et sushis était fermenté comme il l'est encore dans les régions reculées du Japon. Il n'était certainement pas blanc de blanc, ce qui n'est qu'invention récente. Le gingembre mariné (aussi appelé « pickle de gingembre ») est désormais réalisé au vinaigre, mais il a, tout comme les cornichons en boîte, toujours été réalisé avec une technique essentielle à votre santé : la lactofermentation aux vertus si salutaires qu'elles méritent des livres entiers. Si l'on respecte les justes traditions ancestrales, voilà un bel et bon apport d'adjuvants de digestion hors pair : l'acide et les ferments lactiques, qui manquent si cruellement à la plupart des assiettes modernes. Faute de riz et de gingembre fermentés, choisissez au moins la sauce soja en version traditionnelle (bio, tiens, par exemple), car elle est alors riche en précieux ferments.

GRAVLAX

Le Gravlax est du saumon cru mariné en saumure sèche (sel, sucre, aneth). Cette recette est encore une de nos inratables. Il suffit d'être soigneux (c'est du cru !) et patient (il faut attendre deux jours...). Utilisez ce gravlax dans des recettes de bagels & lox à la new-yorkaise, de blinis de saumon fumé, dans notre recette d'Aspic de Saumon au Cresson (site), et bien sûr en dînette ou petit-déjeuner comme du saumon fumé ...

Les photos sont offertes par Michael Chu, propriétaire du site Cooking for Engineers, le site de cuisine pour les jules logiques. www.cookingforengineers.com

- 200 g. de gros sel marin
- 100 g. de sucre (original: 200 g.)
- 1 bouquet d'aneth
- 3 cuill.s. de poivre rose (en grains)
- 2 filets de saumon épais[*1], avec peau

❶ Versez sur une feuille de cellophane un tiers du mélange sel-sucre-poivre. Placez-y le premier pavé de saumon[*2], peau côté plat.

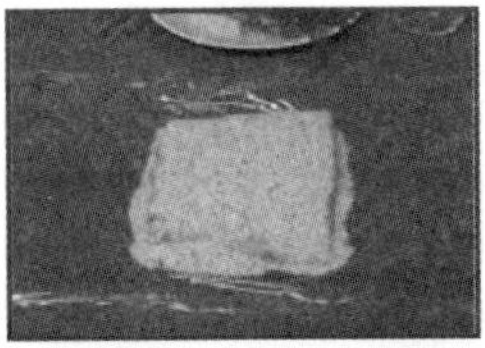

❷ Déposez dessus l'aneth en branche (ou ciselé, si cela vous chante ce jour-là), mêlées à un tiers du mélange sel-sucre-poivre. Posez le deuxième filet, peau vers le haut. Terminez par le reste du mélange.

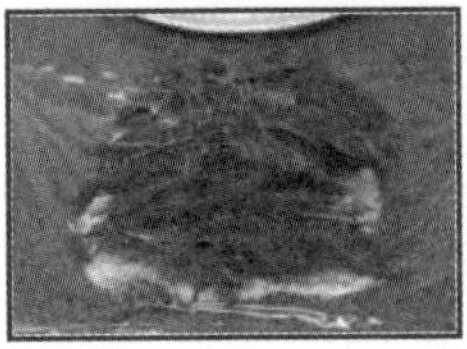

[*1] Le poisson doit être écaillé et désarêté. Pour désarêter, glisser le doigt à contresens et, dès que vous sentez une arête, arrachez-la à la pince à épiler. Choisissez un bon gros pavé car si le filet est trop fin, le résultat sera bien trop salé. Le persil plat se substituera très bien à l'aneth.

[*2] Vous observerez dans le reportage en photos que Michael Chu n'utilise qu'un seul filet et, à vue de nez, du sel ordinaire. Vous rectifierez. La recette sans le sucre n'est pas aussi réussie, car le sucre aide le sel à sécher le poisson..

❸ Fermez le papier cellophane, en doublant la couche le cas échéant. La recette originale demande d'ajouter un poids sur le petit paquet. J'y arrive sans cela. Michael Chu aussi. Je suppose que le système de presse date du temps d'avant le cellophane...

❹ Laissez mariner au frais pendant au moins 24 heures (jusqu'à 48 heures[*3]), en tournant deux fois.

❺ Ôtez la feuille de cellophane et les aromates. Rincez à l'eau pour éliminer les derniers grains de sel. Épongez à l'aide d'un papier ménager. Laissez sécher au frais encore quelques heures. La chair un peu durcie est prête à être découpée finement, comme du saumon fumé. Gardez jusqu'à cinq jours au réfrigérateur.

SAUCE. Servez avec une **Sauce Crème Aigre** : fouettez deux jaunes d'œuf dans de la crème épaisse et un peu de jus de citron. Poivrez mais ne salez pas la sauce, car le gravlax l'est déjà bien assez.

Crème épaisse

Pour faire mûrir la crème fraîche en crème épaisse utile à cette recette, laissez-la pendant deux jours à la cave (température inférieure à 15°C, mais supérieure à celle d'un réfrigérateur). La crème épaisse est plus digeste que la crème fraîche. Pendant ces 48 heures, les bactéries s'occupent en effet d'en digérer le lactose et de produire des ferments lactiques. Cette découverte est due à ma propre histoire d'hypersensible au lactose qui adore la crème. De la contrainte naît la création... Je peux désormais me permettre, avec modération bien sûr, toutes les délicieuses recettes à la crème.

[*3] Selon www.chefsimon.com, *« au-delà de trente-six heures, le goût trop fort corromprait la saveur mélangée du saumon cru »*. Envoyez les résultats de vos tests, je les publierai sur le site.

Sécher du magret de canard au sel

On verra page 73 (le *biltong* africain) comment faire sécher au four doux, à 65°C, de la viande de bœuf. On peut aussi sécher au sel, comme je l'ai appris sur le site de la passionnante Martine du site banlieusardises.com. Dès que vous serez passé maître en séchage, vous injecterez du vinaigre de framboise à la mode du Chef Simon (www.chefsimon.com), vous ajouterez dans la saumure des herbes, du piment, de l'alcool... Cette technique s'adapte au lard, si vous en faites grosse consommation. Ci-après la recette, telle que je l'ai testée et appréciée à partir des conseils de Martine. Parenthèses entre coquets, son site regorge aussi de recettes de crèmes de beauté maison. Lors des vacances de Noël, je me promets de profiter d'un peu de temps libre pour jouer à la Barbie avec ma peau. J'essayerai l'une de ses créations (sans les passer au four à microondes, comme cette passionnée le pratique un peu trop à mes yeux puristes...). On peut ajouter du sucre, comme pour le *Gravlax.*

❶ Placez un magret de canard bien dodu sur ½ cm de gros sel[*1] marin et une branche de thym. Couvrez-le d'une autre branche de thym et de sel marin. Déposez un poids sur le tout et laissez au réfrigérateur un jour entier.

❷ Après 24 heures, ôtez le sel du « sarcophage » et rincez le canard soigneusement. Emballez-le dans un linge (pas de cellophane hermétique, car, comme toute viande, elle pourrirait...).

❸ Le magret est trop salé en périphérie à ce stade-ci. Attendez encore deux jours. Il est alors délicieux, juste parfumé, pas trop salé. Le gras est spécialement exquis. [*2]

---

[1] Je mets le moins possible de sel dans le fond parce que je devrai le jeter, ce qui désole une petite fourmi économe-écolo. Je récupère bien sûr le gros sel en le faisant sécher au four, mais comme, dans cette recette de marinade, la couche du bas est un vrai jus de canard, *bleurks...*

Un maître à la maison

Mon coup de cœur du mois ... Le compagnon idéal en cuisine pour un jules qui débute en cuisine : *Le Manuel Pratique de la Cuisine (école Le Cordon Bleu, Paris)*, chez Hachette. Techniques, recettes, astuces en pagaille. Aussi pédagogique et clair que peuvent l'être les britanniques (auteurs de la version originelle). Les gestes de base en cuisine sont détaillés en photos pas à pas. Vous adapterez selon les principes de Cuisine Nature les recettes de ces ambassadeurs de la gastronomie traditionnelle, oublieux de la part ressourçante des aliments.

Pourquoi tant de paliers de cuisson ?

Selon les crudivores ascendant puriste, il faut s'assurer de rester en dessous du « redoutable » crochet de 45-50°C! Le mot redoutable est ici entre guillemets, car on peut se montrer moins catholique que tous ces papes, comme on le voit dans le dossier bavard sur le site (*Le Cru à Corps Perdu*). L'école crudivore souple américaine autorise 65°C. Ah ! Cette histoire de crochets ! Cet attachement au quasi cru est propre à l'école hypotoxique et crudivore. Si vous ne faites pas partie de ces mouvances, vous raisonnerez avec bon sens : une cuisson ménagère courte ou douce ne peut surcuire un aliment comme le font les cuissons à très haute température et sous pression utilisées dans l'industrie. Un steak saignant, un chèvre frais à peine grillé, des coquillages ouverts en deux minutes à la poêle... sont les premiers exemples qui viennent à l'esprit d'aliments quasi crus. Il est une autre méthode de quasi cru qui a trouvé mes faveurs, car elle est inratable (atout débutant en désarroi) et grandiose en saveurs et texture (atout gourmand) : la cuisson au four à basse température (85°C max.). Je l'expose ci-après.

Les cuissons au four basse température

Pour un amateur qui voudrait suivre la méthode Kousmine sur le long terme, les cuissons à la vapeur douce peuvent lasser. D'autre part, le cru pur et dur n'est pas toujours adapté à la saison, ni à votre état général du moment. Il est des périodes où le corps n'en veut plus, tout simplement ! On a aussi parfois aussi envie d'un petit goût « sec »... Dans ces cas, vous profiterez de cette merveilleuse technique remise au goût du jour par le docteur Fradin : cuire au four doux. Ainsi cuites, ces viandes sont incomparables : le magret de canard ou le rôti de porc n'ont plus rien de fibreux. Il n'est plus besoin de coup de main et de connaissances approfondies en cuisine... Bonjour les jules nuls en cuisine !

Ce sont les saveurs que devaient connaître nos sages aïeux après une cuisson douce au coin de l'âtre, au calme... eux qui ne s'adonnaient pas au barbecue avec nos élans prédateurs. Outre leurs vertus séduisantes pour un débutant ou un gastronome, les cuissons à four si doux ont des vertus essentielles pour la santé.

Il vous suffira de goûter, ne fût-ce qu'une fois, l'incomparable saveur et tendreté d'un magret, d'un rôti, d'un poisson cuit de la sorte pour comprendre qu'il s'agit ici d'une transmutation plutôt qu'une simple cuisson. Commençons notre initiation par un simple pavé de saumon au four doux.

Les cuissons au four doux concernent surtout les produits animaux (protéines et graisses). Les principales vertus des végétaux et des céréales restent intactes en cuissons douces.

J'utilise les cuissons à four doux pour le respect des saveurs, la délicate texture qui en résulte et surtout la facilité avec laquelle un débutant peut réussir tous les viandes, poissons et volailles. Accessoirement pour les vertus nutritionnelles qui leur sont classiquement attribuées.

PAVÉ DE SAUMON AU FOUR DOUX

Rien de plus difficile pour un débutant en cuisine que de réussir un « simple » pavé de saumon poêlé. Trop cru, c'est gluant. Trop cuit, c'est trop sec, presque caoutchouteux. Il est une technique toute simple pour réconcilier les jules avec les casseroles : posez le poisson sur la grille du four préchauffé à 80-85°C, laissez-le cuire une heure. Sans huile, sans sel, sans poivre. Servez avec un filet d'huile d'olive, un trait de jus de citron, des légumes frais et croquants. C'est un repas de roi et il ne faut même pas être cuisinier pour le réussir !

- 400g de pavé de saumon

❶ Placez le pavé de saumon tel quel sur la grille du four préchauffé à 85°C.

❷ Laissez cuire un heure. Servez, agrémenté d'un filet d'huile de qualité et de jus de citron, avec des petits légumes cuits vapeur ou à l'étouffée. Qui veut mieux ?

Tout poisson entier comme le maquereau (exquis et si peu cher en saison) ou le bar de ligne des fins connaisseurs, tout pavé de poisson autre que le saumon de notre recette suivra la même procédure simplissime pour être transmuté sans coup de main, sans talent séculaire. Quelques recettes de ce livre sont illustratives de ce formidable mode de cuisson. Les poissons entiers méritent quelques petites entailles sur les côtés pour accélérer la cuisson. Les soles moyennes, plus fines, ne cuiront que 30 minutes tout comme les fins filets de type cabillaud.

Autres recettes en cru ou au four doux

Les cuissons de viandes et volailles font l'objet d'un chapitre entier (p. 65). Un tableau des cuissons au four doux est détaillé page 104. D'autres recettes plus résumées, parfois plus compliquées, sont proposées sur le site.

Jeu : où est le cru ?

Non, ce n'est pas une question idiote ! Beaucoup pensent manger « cru » leur pique-nique par association d'idée. Or, froid ou non cuit par vos soins ne signifie pas nécessairement cru. Quels aliments n'ont pas subi de traitement thermique?

Où est le cru?

taboulé de couscous
roquefort
fromage de Hollande
amandes et noix
purée d'amandes ou tahin
cacahuètes d'apéritif
noix de cajou, pignons de pin
chocolat en barre
parmesan
flocons d'avoine
pain
laitage de ferme
beurre de laiterie
lait U.H.T.
comté
hoummous
lait de soja
tofu
quorn
vin

Sont cuits :

taboulé de couscous (les légumes sont crus, mais le couscous est précuit à la production); fromage de hollande, sauf mention spéciale; cacahuètes d'apéritif (toujours rôties); chocolat en barre (sucre cuit et cacao rôti); noix de cajou et pignons de pin (toujours cuits pour des raisons techniques); pain; beurre de laiterie; lait U.H.T.; hoummous (tahin de graines rôties et pois chiches cuits); lait de soja (toujours cuit et recuit, je ne vous dis pas !); tofu (fromage de lait de fèves de soja cuites); quorn.

Sont crus :

amandes et autres noix si non rôties (sauf pignons et noix de cajou, rôties à la source), flocons d'avoine selon marque (qu'il est tout de même déconseillé de manger crus), purée d'amandes, roquefort, tout comme le camembert A.O.C., le comté A.O.C., le parmesan Reggiano, etc; le beurre de lait cru et les fromages de lait cru; le vin aussi est cru (chouette, alors !).

SAUMON AU FOUR DOUX À-LA-THIS

Pour raffiner nos débuts en cuisson douce, voici une version sophistiquée de notre première recette au four doux. Elle est inspirée d'une proposition du créateur de la gastronomie moléculaire, Hervé This. Couvrez un filet de saumon prépoêlé d'un hachis de légumes. Laissez-le s'attendrir au four très doux une demi heure et dégustez des larmes d'émotion…

- 1 filet de saumon AVEC la peau
- 2 carottes
- 2 échalotes
- 1 branche de fenouil
- 1 blanc de poireau
- 3 brins de persil plat
- sel et poivre
- quinoa ou boulghour

brunoise: légumes taillés en tout petits dés; la **mirepoix** est la même brunoise sautée au beurre pour corser un plat

timbale : rincez un petit ramequin à l'eau froide et ne l'essuyez pas, tassez-y la purée à l'aide d'une cuiller et renversez un joli petit gâteau sur chaque assiette.

❶ Dans une poêle à peine huilée, faites cuire le filet de saumon côté peau à feu moyen, sans le retourner. Pendant qu'il cuit, préparez le hachis de légumes du point 2. Dès que le saumon a blanchi à mi-hauteur, salez et poivrez-le.

❷ HACHIS DE LÉGUMES. Faites cuire à la vapeur douce les légumes taillés en brunoise* pendant cinq minutes.

Un gastronome aurait pensé faire réduire la brunoise quelques instants dans un fond d'huile d'olive, mais toute première pression à froid qu'elle soit, l'huile est hors propos en alimentation énergétique dès lors qu'elle a cuit...

❸ Transférez le saumon sur la grille du four. Couvrez-le du hachis de légumes. Laissez-le terminer de cuire au four très doux (85°C) pendant une demi heure.

❹ Versez un tout léger filet d'huile. Servez avec une timbale* de quinoa ou de boulghour. La cuisson juste des céréales est décrite dans *Cuisine Nature ... à Toute Vapeur.*

Tous les livres d'Hervé This sont une merveilleuse porte ouverte à la cuisine consciente : aux éditions Belin, *Les secrets de la casserole* (1993) ou *Casseroles et Éprouvettes* (2002), etc.

Maquereau au four doux

Le maquereau coûte trois francs six sous. Il semble délaissé. Trop gras ? Trop plouc ? Qui saura ? C'est dommage. Il réussira très bien en remplacement du rouget dans les *Filets de Rouget Marinés* mais c'est aussi un régal après cuisson au four doux. Placez les poissons, entaillés de trois coups de couteau sur chaque côté, sur la grille du four préchauffé à 85°C. Versez 1 verre à liqueur d'eau dans la lèche-frite. Laissez cuire une heure à une heure quart. Vérifiez la cuisson : si les poissons sont encore roses à l'arête, c'est trop tôt. Si vous laissez cuire trop longtemps, cela ne provoquera pas les soucis habituels de cuisson trop longue, où les poissons deviennent secs et/ou caoutchouteux. Chouette alors !

Maquereaux en risotto

Je cuis les maquereaux au four doux pendant que je cuis un *Risotto* classique. J'y ajoute la chair effilochée des maquereaux en toute dernière minute, SANS PLUS cuire. J'ajoute de l'*Huile Parfumée au Basilic* et laisse à couvert deux minutes. C'est extra et cela ne demande aucun tour de main particulier. Merci, dit le jules débutant !

Calamars au four doux, vinaigrette

Difficile à réussir, le calamar aime jouer les copains caoutchouteux. Avec cette technique-ci, pas de souci : il reste tendre. Une heure à 80°C. Servez avec une *Vinaigrette* douce ou versez dans du *Coulis de Tomates* encore chaud, mais ne cuisez plus. On peut aussi, après cuisson au four doux, les laisser mariner une heure dans deux cuillérées de vinaigre de cidre et du curry.

BONBONS DE SAUMON AU FOUR DOUX

En version « la vie en soliste », le saumon est déjà un bonheur inratable et sans labeur s'il est tout simplement cuit au four doux. Je propose ici une version pour les jours où on a envie de se faire encore plus plaisir: le saumon, taillé en lanières, est d'abord mariné une nuit dans une sauce teriyaki (huile, sauce soja, gingembre, ail et miel). Cuites ensuite au four à 65°C, un peu plus doux que doux, ces lanières de poisson en deviennent... de tendres bonbons.

- 400 g de saumon frais

SAUCE TERIYAKI

- ½ cm de gingembre frais ou 1 cuill.c. de gingembre en poudre
- une gousse d'ail pressée
- 1 cuill. s. de sauce soja ou shoyu
- 4 cuill. s. d'huile d'olive ou sésame
- 5 feuilles de coriandre
- ¼ cuill. c. de miel liquide ou de sucre

❶ Faites macérer le saumon taillé en lanières dans la sauce teriyaki : la gousse d'ail écrasée, le shoyu, l'huile, le gingembre frais râpé ou en poudre, le miel (ou sucre), la coriandre. Durée : une heure à une nuit (le meilleur résultat).

NB. J'utilise le saumon bio de Bonneterre, miam ! Même mes amis qui ne croient pas à la bio croient à ce saumon-là...

❷ Épongez l'excès de sauce et placez sur une grille. Cuisez au four branché à 65°C : 2 heures et demie environ (aux 85°C habituels, ce serait une heure).

On peut aussi ne pas éponger la marinade et déposer sur du papier sulfurisé. Cela vous fera un début de sauce. Si vous oubliez le poisson plus longtemps dans le four, pas de souci, ils sera toujours aussi bon.

Servez ces lanières avec une palette de légumes crus et vapeur douce ou encore du riz basmati. Composez une jolie assiette en étoile. Accompagnez d'un d'un filet d'huile d'olive et d'un peu de jus de citron. J'ai adapté la sauce teriyaki, car l'original est très sucré.

Les cuissons au four doux: historique et principes

Françoise n'aime pas le cru. Pourtant, elle est consciente que, dans son cas de fragilité digestive, les produits animaux sont non seulement indispensables le temps de se restructurer, mais sont en particulier mieux assimilables crus. Elle n'aime ni les carpaccios, ni les ceviches, ni les tartares ni les sushis. Zut et rezut. Que faire alors ? Mais du quasi cru, que diable ! Examinons les principes de ces coctions[*1]*, nouveau terme pour les quasi cuissons comme le four à basse température, cette merveilleuse technique remise au goût du jour par Hervé This.*

Ces cuissons au four doux sont une subtile substitution au cru pur et et dur pour celui qui se lasse un peu de la cuisson à la vapeur douce.Elles ont des vertus essentielles pour la santé. Une si basse température préserve l'intégrité des acides aminés et permet d'éviter les digestions laborieuses chez certains biotypes, comme on l'étudie en détail dans le dossier bavard des curieux. Il vous suffira de goûter ne fût-ce qu'une fois l'incomparable saveur et tendreté d'un magret, d'un rôti, d'un poisson cuit de la sorte pour comprendre qu'il s'agit ici d'une transmutation!

Elles sont aussi un atout de choix pour un jules nul qui se rebranche nature, car elles sont inratables. Elles permettent par exemple d'obtenir des croquettes de haché de pur bœuf tendres et moelleuses alors qu'habituellement, sans ajout de porc, ce sont de sèches vilaines petites choses...

Atout du cuisinier pressé. Certaines de ces recettes permettent aussi de se préparer des quasi-charcuteries maison, sans additifs, sans excès de sel, sans sucre ajouté. Sur

---

[*1] googlez sur *+coction+hervé* pour découvrir les interviews de l'inventeur de ce terme, Hervé This

le mode du rosbif, on conserve au réfrigérateur un carré de porc ou un magret de canard cuits au four doux. On en ajoute des tranchettes dans les petites salades improvisées ou dans un bouillon minute (illustration page 69).

Moins j'ai le temps plus je cuis longtemps...

Les cuissons douces ne demandent pas de surveillance aussi attentive qu'une cuisson au four classique à 200°C ou en marmite/wok. Vous avez peut-être vécu l'expérience d'avoir transformé une viande en morceau de caoutchouc pour avoir attendu juste quelques minutes de trop. Avec la cuisson douce, il ne faut pas utiliser de minuterie car une demi-heure de trop n'a plus d'importance. Les invités peuvent arriver en retard, le maître de maison gardera le sourire...

Tout peut s'y cuire ?

Toutes les viandes méritent la cuisson au four doux, mais il serait judicieux d'éviter ce procédé pour les gibiers ou la viande cheval. Ce type de cuisson éveille en effet les saveurs profondes de la viande. Après cuisson douce, le bœuf élevé en pâturage sent la prairie qui chante mais les premiers cités risquent de se faire un peu trop présents dans leur force

tranquille. Les œufs et les poissons sont très heureux en cuisson à la vapeur douce. Ce n'est que pour changer de texture qu'on s'essayera aux cuissons plus sèches comme le four doux. Les homards ou moules souffriraient trop, puisque vous devez les cuire vivants. Imaginez ce sauna terminal ! [*1] Habituée à cuire des viandes bio si pas biodynamiques, je n'ai qu'une seule fois cuisiné du canard tout venant, par urgence. Urgence qui s'est terminée dans la pâtée du chien. Serait-ce que, comme en vapeur douce, les défauts sont exaltés autant que les saveurs le sont ? J'ai transmis dans *Cuisine Nature ... à Toute Vapeur* la recette si facile d'un *Homard à la vapeur douce.*

Ce sont surtout les produits animaux — viande, volaille, poissons, etc. — que l'on cuit au four doux. Les végétaux supportent très bien la cuisson à la vapeur douce. Les céréales seront cuites à l'eau, sans souci .

Principe : c'est trop facile !

On dépose l'aliment sur la grille et on enfourne à chaud, à 85°C. Ni sel ni poivre, car ces cuissons ne demandent qu'à laisser la viande traduire sa bonté intrinsèque... La durée de cuisson dépend de la taille de la pièce. On peut utiliser un thermomètre à piquer. Voir dans le tableau page 104 les températures de cuisson à cœur selon les pièces.

Etalonner le four

Au dessus du palier de 85°C, les fibres des viandes & associés durcissent. On ne peut se fier à l'affichage de température du four. Il s'agit ici d'étalonner sérieusement le four, à l'aide d'un thermomètre de four (voir illu ci-dessous). En **chaleur tournante**, le four est plus chaud de dix degrés.

thermomètre de four (peut rester dans le four)

thermomètre à piquer dans l'aliment (puis ôter du four)

[*1] J'ai donné dans *Cuisine Nature ... à Toute Vapeur* la recette si facile d'un *Homard à la vapeur douce.*

Au **four à gaz**, si aléatoire, faites vos propres tests. Selon mes expériences, le feu au minimum, la porte entr'ouverte de 15 cm, je n'ai pu obtenir de température inférieure à 102°C, trop haut pour la réussite de cette technique.

Historique des cuissons douces

Selon Annemarie Wildeisen[*2], c'est le comte de Rumford (1753-1814) qui a le premier réalisé qu'après avoir saisi la viande à vif, on pouvait la cuire à très basse température pour obtenir une tendreté sans pareil. Wildeisen s'inspire du travail d'une cuisinière zurichoise, Agnès Amberg, qui a récemment redécouvert cette cuisson tombée dans l'oubli. Ses invités étant en retard, elle a gardé son gigot déjà entamé au four minimum... Lorsque les invités arrivèrent, oh,oh, quelle ne fut pas sa surprise : le gigot était parfait ! Le docteur Jacques Fradin[*3] a valorisé cette technique avec succès dans un contexte nutrithérapeutique auprès d'ex-adeptes trop convaincus de l'instinctothérapie crudissime de Guy-Claude Burger. C'est surtout Hervé This qui a fait connaître en francophonie ces cuissons douces, entre autres via le site www.chefsimon.com.

Dans un dossier spécial du Canard Enchaîné (2003 - *Qu'est-ce qu'on déguste? Enquête dans les cuisines des restaurants, petits et grands*), j'apprends que les cuissons à four doux sont utilisées dans l'industrie depuis plus de vingt ans pour recycler les « *morceaux goûteux mais généralement trop fermes* » (page 68). Pourquoi on me dit jamais rien ?

Ces cuissons semblent devenir fort tendance chez les chefs français, qui cuisinent dans des sacs sous-vide, selon des procédés bien complexes. Je n'oserais pas les conseiller à des amateurs de cuisine nature, dans la mesure où ce procédé n'a pas été étudié sérieusement. Les phtalates qui pourraient être dégagés par les plastiques lors de la chauffe n'ont pas encore fait la preuve de leur inocuité chez les sujets fragiles.

[*2] auteur de *Fleisch sanft garen bei Niedertemperatur* chez AT Verlag, autrement dit *Cuire les viandes à basse température.* En français, je ne connais que le livre de Betty Bossi (www.bettybossi.ch): *La cuisson à basse température*, +- 20 CHF.

[*3] le docteur Jacques Fradin, qui n'a hélas publié que quelques syllabus devenus des incunables, d'autant plus introuvables que ce médecin passionné de nutrition s'est recyclé en neuropsychologie.

ASSIETTE MARINE D'ÉTÉ

Un plat tout simple qui ne demande que quelques minutes dès que vous vous serez familiarisé avec les grandes lignes de cette recette. Des coquillages et des calamars en tranches sont cuits à la vapeur ou à la poêle en quelques minutes. Le plat est arrosé d'un Hachis d'Échalotes Persillé. Il est servi avec un reste de quinoa sur un lit de laitue croquante du jardin (au printemps), de jeunes épinards crus (en hiver) ou de tomates fraîches (en été). Dix minutes pour préparer un repas de roi, qui dit mieux ?

- 1 kg ou 24 à 30 coquillages (moules, palourdes ou praires)
- 6 calamars

CUISSON: 6min.

❶ Lavez les coquillages. Jetez les coquilles abîmées et celles qui restent ouvertes ou qui ne donnent plus signe de vie lorsque vous les tapotez : la détresse de leurs habitants les rend impropres à la consommation, même cuits. Ils risqueraient de vous empoisonner. Après cuisson, vous jetterez impitoyablement ceux qui ne se sont pas ouverts.

Il est dit dans le grand livre des recettes de pro de les brosser, gratter et ébarber (éliminer la barbe). Ce n'est souvent plus utile, car déjà fait par votre poissonnier chéri. Il est aussi conseillé de faire tremper les coquillages plusieurs heures dans de l'eau salée pour qu'ils dégorgent leur sable. La plupart du temps, c'est déjà fait aussi.

Calmar. Cherchez dans vos livres de recettes les synonymes: encornet, seiche, supion... Le calamar doit cuire longtemps ou très peu: 2 minutes ou plus d'une demi-heure, mais pas entre les deux, semble-t-il.

Si vous n'achetez pas les calamars nettoyés: posez-les sur une planche et, tenant le corps d'une main, tirez les tentacules de l'autre avec fermeté. L'intérieur se videra avec sa plume (l'os) et ses petites poches d'encre, s'il en restait. Coupez les tentacules au ras des yeux et du petit bec corné. Lavez les tentacules et jetez le reste de la tête. Grattez la peau qui les recouvre. Sous l'eau courante, nettoyez à plusieurs reprises les glaires et le sable des poches. Epongez-les. Taillez les calamars en lanières ou en rondelles. C'est du boulot, mais bon hein...

❷ VERSION POÊLE. Faites chauffer du vin blanc dans une grande poêle. Versez les coquillages et faites sauter à feu vif, à couvert, quelques minutes. Dans une autre poêle, en même temps, dans un tout petit peu d'huile d'olive faites sauter les rondelles de calamar à feu doux, une minute ou deux, le temps que les chairs deviennent fermes.

VERSION VAPEUR. Dès que l'eau bout à gros bouillons dans le cuit-vapeur, déposez les coquillages et les calamars en rondelles dans le panier perforé. Laissez cuire 6 minutes.

❸ Disposez les coquillages et les calamars sur les assiettes de légumes de saison, crus ou cuits en douceur (laitue, épinards frais ou cuits, petits légumes vapeur en bâtonnets, etc.). Servez avec des toasts nappés d'un peu d'*Hachis d'échalotes Persillé* (recette page suivante).

Réchauffer du quinoa à la vapeur

On sert classiquement cette assiette avec du pain de seigle, qui anime au mieux les saveurs marines. Vous pourriez servir avec du quinoa, sans gluten, plus léger que du riz dans ce cas-ci. Pour réchauffer un reste de quinoa, versez-le dans le bol de service que vous placerez dans le compartiment perforé du cuit-vapeur en même temps que les crustacés : il sera réchauffé en 8 minutes environ.

Vertus nutrimentaires des crustacés

Coquillages et calamars FRAIS vous apporteront tous les bénéfices nutritionnels des produits de la mer (protéines, sels minéraux, oligoéléments, vitamines). Dans ce cas-ci, ils sont presque crus. La réputation aphrodisiaque des huîtres ne tiendrait-elle pas à sa richesse en minéraux biodisponibles ?

Mais aussi... les fruits de mer peuvent provoquer allergies et urticaires. Ils sont contre-indiqués pour les malades souffrant de goutte ou autres problèmes rhumatismaux. Il s'y développe rapidement des petites bactéries qui peuvent provoquer une débâcle intestinale s'ils ne sont pas très, très frais. Mesurez leurs avantages par rapport à leurs inconvénients si vous n'habitez pas en bord de mer.

Au début de mon apprentissage en cuisine à quarante ans, lorsque je partais faire mes courses chez le poissonnier, le menu en tête, la fiche en main, il m'arrivait d'être déçue par les produits que j'avais choisis. Dorénavant, je pars sans idée préconçue, je demande discrètement conseil. Je reviens toujours avec les poissons les plus frais, bien sûr.

Hachis d'échalotes persillé

- 3 échalotes
- 2 cuill. s. de persil (plat)
- 1 à 2 cuill. s. d'huile V.P.P.F.
- filet de jus de citron

Ce hachis se situe entre le liquide et le solide, entre la sauce et le légume. Il sert ici de faire-valoir à l'*Assiette Marine*. Servi avec des légumes cuits à la vapeur douce ou crus, il peut aussi accompagner et rafraîchir des *Croquettes de Légumes*. C'est le compagnon idéal d'une *Assiette Végétarienne*.

❶ VERSION CRUE. Mélangez les échalotes très finement hachées avec le persil ciselé, l'huile et le citron. Laissez macérer 1 heure au minimum.

Ami débutant, n'hésitez pas hacher les échalotes et les herbes fraîches au mouli-légumes électrique. Les gastronomes ont raison : la saveur en est modifiée; mais au moins vous aurez pratiqué la recette. Vous ne vous serez pas découragé face à une tâche fastidieuse !

❷ VERSION CUITE. Suivez la procédure du point 1. Puis laissez chauffer 20 minutes dans un poêlon à la plus basse température possible (il faut pouvoir toucher du doigt le mélange sans se brûler). Ainsi cuit, ce hachis d'échalote conserve plusieurs jours au frais.

Le persil, l'échalote, l'huile de première pression à froid et le citron contribuent au nettoyage hépatique. Le persil est riche en vitamine C et en chlorophylle. Il a été de tout temps considéré comme « apéritif, tonique, diurétique, antirachitique ».

CARPACCIO DE SAINT-JACQUES AU JUS DE GINGEMBRE

La formule du carpaccio — ces fines lamelles de viande crue marinée — convient à presque toutes les chairs animales. Des coquilles Saint-Jacques fraîches, en fines tranches, sont marinées quelques heures dans du jus de citron et de l'huile aromatisée. Elles seront servies crues ou à peine grillées avec du bon pain de seigle et une salade de feuilles de chêne.

- 6 à 8 coquilles Saint-Jacques (selon la taille, soit 300 g)
- 2 cuill. s. d'huile VPPF pas trop parfumée (sésame, p. ex.)
- un jus de citron vert
- ¼ cm de racine de gingembre (si écrasé) et ½ cm de racine de gingembre (si centrifugé)

❶ Si votre honnête poissonnier ne l'a déjà fait, ouvrez les coquilles et parez-les : ébarbez-les, éliminez le boyau noirâtre et conservez les noix et le corail (la partie orangée en forme de croissant). Lavez-les à l'eau courante pour éliminer toute trace de sable. Égouttez-les. C'est un peu longuet, mais c'est une étape indispensable pour la version royale de cette recette, à base de coquilles vraiment fraîches.

❷ Tranchez à l'horizontale les noix finement à l'aide d'un couteau bien affilé : de 4 à 6 tranches par noix, si possible. Si vous ne vous sentez pas l'âme d'un chef, surgelez les coquilles pendant une à deux heures. Elles auront durci un petit peu et seront alors plus faciles à trancher en fines lamelles.

❸ MARINADE. Fouettez l'huile avec le jus de citron, le gingembre pelé et râpé ou centrifugé, un tout petit peu de sel.

❹ Disposez joliment les tranches de coquilles sur chaque assiette et nappez-les de la marinade. Gardez au frais pendant deux à trois heures. Servez avec de fines tranches de pain de seigle et un bouquet de salade frisée et de chêne.

Le plat se marie aussi bien à un coulis de concombre à l'aneth ou une salade de tomates-cerises à l'huile d'olive et à la roquette.

❺ Les réfractaires au tout-cru passeront l'assiette 3 à 5 minutes sous le gril du four, pour saisir le plat sans brûler l'huile ou les herbes.

Si votre charmant poissonnier vous propose des coquilles fraîches et non surgelées, la saveur de ce plat est incomparable. La saison idéale est le printemps. Elles seront bien meilleures parées chez vous, au dernier moment. Reconnaissons qu'il s'agit alors d'un plat qui prend plus que nos vingt minutes habituelles... Cette version crue ou quasi crue permet d'éviter le travers des coquilles Saint-Jacques qui, trop cuites d'un instant, se transforment en caoutchouc.

Variante de Saint-jacques au four doux

Le même carpaccio de coquilles Saint-Jacques en lamelles peut être mariné au jus de gingembre et à la poudre de zeste d'agrumes puis cuit au four doux. Pour la poudre: faites sécher 45 minutes à 80°C des zestes d'oranges, de clémentines et de citrons verts. Moulinez-les le plus finement possible. L'outil idéal pour préserver les saveurs serait le mortier ou l'extracteur multifonctions. Cuisez ensuite trente minutes au four doux.

Avec ou sans pain, avec ou sans céréales?

Les régimes sans pain ou sans gluten (Seignalet & C°) sont d'utiles pistes pour se prendre en charge au plan alimentaire quand on débarque du monde du hamburger. Ils ne suffisent cependant pas à ressourcer durablement le mangeur fragilisé —ne fut-ce qu'à cause des nombreux additifs et traitements ajoutés aux pains et biscottes sans gluten du commerce. Par ailleurs, manger sans gluten ne suffit pas toujours, comme on le voit dans le dossier digital sur le site. Parfois il faut même éviter toute forme de sucres et de céréales, avec ou sans gluten, le temps de se remettre (le *Régime des Glucides Spécifiques*). Donnez-vous trois à six mois de « sans gluten », il sera temps alors de songer à d'autres chemins pour vos aventures nutrimentaires.

Au quotidien, choisissez des produits céréaliers originels, sans additifs ni résidus de traitements et combinez-les à une assiette équilibrée, Vous vous garantirez une véritable assiette ressourçante. Les doses de céréales sont fonction de votre état digestif et de votre profil métabolique de base.

Les marinades

Les marinades acides (vin, etc.) d'antan aidaient à conserver les viandes, à les attendrir et à en relever le goût. C'est aussi grâce à elles que nos grands-mères luttaient contre leur ennemi principal : les bactéries, facteurs de décomposition. Peut-être démontrera-t-on bientôt que les épices de la marinade prédigéraient les viandes et favorisaient les bonnes bactéries au détriment des mauvaises ?

Une recette typique de marinade comprendra quelques uns des éléments suivants : du vin, de l'huile d'olive, des tranches de citron pelé à vif ou du jus de citron, du vinaigre, du thym, du laurier, du fenouil, des tiges de persil plat ou de tout autre herbe, des clous de girofle, des oignons en très fines lamelles ou de l'échalote hachée, du sel et de poivre. Le clou de girofle, le laurier et le thym ont des vertus bactéricides et anti-infectieuses qu'on oublie trop souvent.

Les marinades de poisson cru, cette « cuisson » courante dans les îles, associent le jus de citron cru à l'huile et à des aromates tels que des grains de poivre écrasés. Les chairs des poissons ou des coquillages macèrent quelques heures dans le jus de citron et subissent une première « cuisson » .

Shoyu ou sauce soja ou tamari: synonymes pour un macérât de soja très salé; produit fermenté de haute qualité s'il est produit à l'ancienne, en fermentation longue

Les marinades asiatiques pour la cuisson au wok sont souvent composées de sauce soja (ou shoyu ou tamari), de citron, d'ail et d'huile (voir les recettes au wok sur le site). Les marinades japonaises « sucré-salé » associent sauce soja, sucre ou miel, parfois vin (de riz), gingembre et ail, huile de sésame (voir *Lanières de Volaille en Teriyaki*). Les viandes et volailles y sont parfois enduites de blanc d'œuf fouetté avec de la fécule (sans qu'elles ne doivent y mariner).

Les produits bio ne sont pas une mode

« *J'ai acheté des radis bio : ils ne sont pas tellement meilleurs. En plus, ils ne sont pas beaux…* » Ils devraient être beaux comme ceux de votre jardin ou de celui de votre cousin. S'ils ne le sont pas, c'est votre maraîcher qui est vilain ! Il joue avec vos pieds : des carottes ramollies, toutes bio qu'elles soient, ne sont plus riches en éléments nutritifs ni savoureuses – l'un étant lié à l'autre. Il faut qu'on nous rappelle, déconnectés que nous sommes de la terre, qu'il est des mauvaises saisons pour les légumes. Si vous souhaitez des laitues en plein hiver, toutes bio qu'elles soient, elles sortiront de serre, nappées de nitrates. Une tomate en hiver est une hérésie. Soit elle est pondue en serre (pas de commentaire), soit elle est importée d'un pays du Soleil de l'autre bout du monde. Cueillie verte, elle est mûrie en chambre : gorgée de soleil, disiez-vous ? Il est aussi des mauvaises années : certains hivers, faute d'assez d'humidité dans le sol, vous ne trouverez pas un radis noir qui mérite ce nom. Et, le veau d'or ne connaissant pas de limites, il est des maraîchers peu scrupuleux et des producteurs de légumes de bio « intensif », qui contournent les réglementations – parfois poussés dans le dos par les exigences démesurées des grandes surfaces. Non, vous n'êtes pas un pigeon, ne vous découragez pas. Il ne faut pas se fier uniquement aux labels, mais bien à votre propre goût. Si le légume bio que vous venez d'acheter n'est pas INCOMPARABLEMENT savoureux par rapport à son petit frère de culture hydroponique ou intensive, c'est peut-être qu'il a quelques heures de vol ou qu'il a été produit dans des conditions de rendement élevé. Fuyez ! Ou alors c'est que, par hasard, le lot de culture intensive était justement une bonne production – mais oui, ça arrive…

FILETS DE ROUGET MARINÉS ET QUINOA

De fins filets de poisson sont poêlés un court instant, avant d'être marinés une nuit dans une brunoise de carottes et échalotes, avec huile d'olive, vin blanc et citron. Ils sont servis, semi-crus, sur un lit de quinoa, petite céréale au goût de noisette dont je ne connais pas de détracteur à ce jour. Cette recette exige du poisson de première qualité, mais ne demande pas beaucoup de temps.

- 8 filets de rouget (ou barbue, ou tout autre fin filet)
- 150g quinoa

MARINADE :

- 2 carottes
- une échalote
- 2 cuill. s. d'huile d'olive
- une cuill. c. de jus de citron
- ½ verre (à moutarde) de vin blanc de qualité
- une feuille de laurier

brunoise: ce sont des légumes taillés en tout petits dés

❶ MARINADE. Taillez les carottes et l'échalote en brunoise; Mélangez-les aux autres ingrédients de la marinade : huile, citron, vin blanc, laurier froissé, sel marin et poivre fraîchement moulu. Le vin blanc n'est pas ici facultatif et n'est pas indiqué entre parenthèses comme d'habitude dans mes recettes, car c'est lui qui fait le travail : il précuit ou attendrit les chairs.

❷ Poêlez les fins filets de poisson côté peau pendant 1 à 2 minutes. Opération facultative dans notre perspective du tout-cru, mais le poêlage confère un petit goût doux bienvenu... Transvasez-les dans un plat et nappez-les de la marinade. Laissez-les reposer 24 heures au réfrigérateur.

❸ Le lendemain, disposez joliment les filets sur une assiette, nappés de la marinade. Accompagnez de quinoa et d'une salade croquante.

❹ Pour ceux qui n'aimeraient pas la texture du poisson cru, on peut passer les filets un instant sous le gril du four : ils resteront crus à l'intérieur, d'une tendreté à en sourire d'émerveillement.

Vinaigre ou citron?

Certaines écoles de nutrition mettent au pinacle le vinaigre comme aliment-remède miraculeux, notamment parce que c'est un aliment fermenté. D'autres l'interdisent férocement, car il inhiberait les ferments ou enzymes de digestion propre des aliments. Plutôt que de suivre à la lettre des injonctions généralisées, pensez qu'il y a là, peut-être, l'indice d'indispositions naturelles. Si votre digestion est perturbée et que vous l'expliquez par la présence de vinaigre de vin ou d'alcool dans votre nourriture, passez, ne serait-ce que pour en tenter l'expérience, au vinaigre de cidre ou du citron. Les deux premiers vinaigres sont réputés « anti-physiologiques » et trop acides. Je sais, c'est lassant à la longue, mais... à vous de voir !

Souvent, le vinaigre vendu sous l'appellation *balsamique* n'est que du vinaigre d'alcool édulcoré au caramel...Le « vrai de vrai » coûte très cher et s'appelle ***vinaigre balsamique*** *traditionnel de Modène*. Il a maturé trois ans en fûts de chêne, ce qui justifie son prix de caviar. C'est le seul qui semble allier salades et vin —le grand souci des gourmets végétophiles.

Faire macérer les oignons & C°

Faites macérer des oignons ou des échalotes émincées dans de l'huile, au réfrigérateur. Vous vous épargnerez ainsi la corvée presque quotidienne d'épluchage et de préparation de ces compagnons. Vous garderez pendant quelques jours une réserve prête à tout moment. Ne vous effrayez pas de l'odeur forte qu'ils dégagent après quelques jours, ce sont leurs huiles essentielles qui ont saturé l'air dans le pot hermétiquement fermé. Ouvrez-le dix minutes avant l'utilisation.

Pour les digestions difficiles, il est recommandé de faire macérer les oignons crus dans de l'huile quelques heures avant de les incorporer à une salade de crudités. Certains ne digèrent en effet pas du tout ce délicieux bulbe lorsqu'il est cru. L'échalote, moins âcre, est mieux tolérée que les oignons par les estomacs fragiles. Son goût est aussi plus fin.

Huile d'olive

L'huile d'olive, cette bénédiction du soleil. Lui faut-il encore un avocat ? Ses prouesses autour du bassin méditerranéen lui ont valu une telle auréole de sainteté que les médias en font des gorges chaudes depuis des années. Elle peut être utilisée non seulement dans de multiples recettes de beauté, mais aussi comme médicament. Elle inhibe entre autres les sécrétions gastriques excessives, stimule la contraction de la vésicule biliaire paresseuse, favorise l'absorption des graisses intestinales, augmente la concentration de sels biliaires, stimule la production hépatique de bile et la lipase pancréatique, provoque l'activité des synthétases, enzymes qui reforment les triglycérides dans les cellules de la muqueuse intestinale. La saveur serait-elle trop amère aux palais novices ? L'huile de sésame V.P.P.F. a les mêmes propriétés (mais pas les mêmes communicants !). Cette remarque vaut aussi pour le beurre de lait cru, les graisses de coco, etc...

Selon le professeur Jacotot*[1], ardent et rigoureux défenseur de l'huile d'olive, elle activerait l'absorption du calcium grâce à l'acide oléique qu'elle contient – de 70 % à 80 % selon les crus. Elle aiderait au transport de la vitamine D et favoriserait la fixation du calcium sur la trame osseuse. De plus, elle régulariserait la glycémie et améliorerait le diabète. Mais non, enfin, Jeanine, elle ne fait pas la vaisselle en plus ! Et non, l'huile d'olive ne se prend pas en cachet et elle n'a pas besoin d'être améliorée par des techniques de bricolage transgénique. Mais ça lui pend au nez. Battons-nous pour la garder intacte.

*[1] *Huile d'olive: de la gastronomie à la santé*, prof. Bernard Jacotot, éditions Artulen

Autres recettes de poissons et crustacés en cru ou quasi cru

Inspirez-vous de toutes les recettes publiées dans les livres ou sur la toile sous l'intitulé « tartare » ou « ceviche ». Dans *Cuisine Nature à Toute Vapeur*, j'ai expliqué les recettes suivantes : *Brochette de Lotte à la Vapeur, Elbot Frais en Papillote Vapeur sans Alu, Saumon Vapeur sur Lit de Cresson, Thon Mariné Vapeur.*

VIANDES & VOLAILLES

Le cru tout doux...

La recette la plus facile dans la gamme du boeuf cru serait le *Steak tartare* (p. 56), aussi appelé *filet américain* en Belgique. Ce plat cru est de choix à condition d'être composé exclusivement de viande de première qualité et d'une fraîcheur irréprochable. Voilà qui ravira les amateurs omnivores persuadés que l'on ne peut manger de viande en cuisine nature. L'autre plat carné cru le plus connu est le *Carpaccio de Bœuf* (p. 58), aussi inratable que le premier. Le porc et la volaille ne se mangent pas en tartare ou carpaccio, malgré la mode actuelle. On étudiera ici au passage quelques mantras crudivores (la théorie des enzymes d'Howell, la leucocytose digestive de Koutchakoff, le malentendu sur ce qu'on comprend par « les crasses »). En matière de viande et de volailles, la cuisson vapeur ne fait pas l'unanimité. Je vous proposerais alors de vous essayer à la cuisson la plus extra pour les débutants : la cuisson au four doux à 85°C. Nous la pratiquerons dans les recettes de *Pavé de Bœuf ou Rosbif, Farce pour Pitta, Sauce Bolognaise, Jerky de Bœuf, Keftas d'Agneau, Gigot Tandoori, Carbonnades, Biltong, Magret de Canard, Lanières de volaille en Teriyaki, Larfons, Filet Mignon de Porc en Lit d'Herbes.* Dès que vous y serez familiarisé, vous vous lancerez dans les cuissons encore plus subtiles... à 65°C. Cette température conserve en particulier une texture extraordinaire aux poissons.

STEAK TARTARE OU FILET AMÉRICAIN

Dans la gamme du cru en goûts classiques, le steak tartare a des amateurs inconditionnels. De l'excellente viande de bœuf crue fraîchement hachée est mélangée avec un jaune d'œuf, une échalote, du persil, des câpres, de la moutarde et de la sauce anglaise. Servez sur une tartine grillée avec une bonne salade croquante, et non avec... des frites comme en Belgique.

- 150g de bœuf
- 1 échalote
- 1 cuill. s. persil
- 1 à 2 jaunes d'œufs
- 1 cuill.c. câpres
- 1 cuill.s. de moutarde de qualité
- 1 cuill.c. de sauce anglaise
- 1 cuill.c. de sel marin
- 1 cuill.s. d'huile d'olive

pour la version belge classique:

- mayonnaise maison
- 1 échalote
- 1 cuill. s. persil
- 1 cuill.c. de sauce anglaise
- 1 cuill.c. de sel marin
- 1 cuill.c. câpres

❶ Hachez la viande vous-même au couteau, très menu ou faites-le faire par le boucher le jour même.

Hachée au robot-mélangeur pourtant si pratique, la viande deviendrait une panade.

❷ Ajoutez l'échalote hachée finement, le persil ciselé, les jaunes d'œufs, les câpres, la moutarde, l'huile et la sauce anglaise. Rectifiez l'assaisonnement à votre goût. Salez et poivrez si c'est encore nécessaire.

La version à la belge : la moutarde, l'œuf et l'huile sont remplacés par une *Mayonnaise maison*. Chez nous, chacun compose son propre tartare à table, selon ses penchants perso: l'un à la mayo, l'autre selon les ingrédients ci-contre, le troisième sans même aucun assaisonnement. Cela facilite la tâche du ménager de service. Outre que cela facilite du commis d'office à la préparation du repas, cette formule épargne aux convives la créativité parfois intempestive du *self-proclaimed* Chef qui se laisse aller, à l'occasion, à être *too much*.

❸ Consommez tout de suite, car la viande hachée n'attend pas. Les vilaines petites bactéries s'en empareraient bien vite. Si elle doit attendre, on lui donne au maximum 24 heures, gardée au plus froid.

sel :utilisez du sel marin non raffiné encore riche en nutriments; la fleur de sel à l'arôme de noisette est la version la plus recherchée, la plus fine.

ciseler : couper finement une herbe fraîche, au hachoir-berceau manuel, par exemple.

Tout est cru dans le steak tartare, s'il est réalisé comme ci-dessus, sans additifs et sans sauce en pot (pardon, gentil boucher). Alors, les acides aminés, les matières grasses amincissantes et les minéraux de la viande et du jaune d'œuf sont encore intacts et intègres. Outre leur saveur, les câpres et la moutarde ont des vertus digestives et protectrices. Ils favorisent la digestion des protéines. Le persil plat, cru aussi, est une de nos « feuilles vertes » quotidiennes indispensables, même en toute petite quantité.

Le bœuf protecteur du cœur?

La viande rouge est vouée aux gémonies par les naturos et les homéopathes depuis des dizaines d'années. D'où est donc né cet acharnement ? Scientifiquement, cela n'a pas de sens. Il est bien vrai qu'il n'est pas indispensable de consommer de la viande pour vivre en bonne santé. Ce sont les acides aminés des protéines dont nous avons besoin. Ces acides aminés, dans des versions aussi vigoureuses et constructives, se rencontrent également dans les fromages ou les œufs, ou encore dans les légumineuses (et même dans les autres végétaux, mais à titre plus modeste). Mais pourquoi exclure toutes les viandes rouges, alors que l'on peut tout simplement modérer ses appétits et prendre quelque distance avec l'antique vocation prédatrice de nos chasseurs-cueilleurs du Néolithique ? Les graisses des viandes rouges constituent de précieux apports, surtout si elles restent saignantes à cœur. Vous a-t-on affirmé qu'elles sont trop saturées* ? Le bétail élevé à l'ancienne, en prairie et sans traitement artificiel, offre une viande riche en Ω-6 et -3. On vient même de découvrir, à la faveur du paradoxe français, que la viande bovine peut s'avérer riche en ALC, ou acide linoléique conjugué, un acide protecteur du cancer et du cœur – à condition que les vaches aient brouté de l'herbe fraîche en plein air au moins dix mois par an...

* Voir *Pour Qui Sonne le Gras*, le dossier complet sur les matières grasses et les oméga, dont une partie sur le paradoxe français.

CARPACCIO DE BŒUF

Le carpaccio de bœuf est connu comme le loup. En un mot : de très, mais très, fines tranches de bœuf cru sont nappées d'un filet de citron, d'huile d'olive, de poivre au moulin, de copeaux de parmesan. Elles sont marinées une heure au frais.

par personne
- 3 tranches finissimes de bœuf
- 1 citron
- 15 g de parmesan
- 1 cuill.s. d'huile d'olive ou de sésame V.P.P.F. (initiés : une huile parfumée ou *Crème de Basilic*)

❶ Disposez les tranches de bœuf en rosace sur une assiette. Arrosez d'un filet de jus de citron et d'huile. Salez, poivrez. Parsemez des copeaux de parmesan taillés à l'aide d'un économe. Laissez reposer une heure au frais.

Pour trancher vous-même le bœuf, il faudrait le congeler une heure pour le raffermir. Les tranches doivent en effet être finissimes.

❷ Servez avec une salade de tomates cerises de saison, une *Salade Crue de Printemps aux Épinards* ou une simple salade mêlée de laitue et roquette.

Enzymes, Howell & leucocytose digestive

Je chante dans ce livre les vertus du cru bien tempéré. La vitamine C ne résiste pas à plus de 60 ° C, les vitamines A, D, E et K et certains minéraux résistent jusqu'à 90 ° C seulement. Toutes les vitamines B sont détruites à partir de 120 ° C. Les acides aminés et les acides gras subissent des rotations ou des modifications de structure dès 80 ° et 40 ° C respectivement, ce qui rend leur apport moins riche. L'acroléine, dérivé toxique du chauffage des huiles, apparaît à environ 120 ° C, en fonction de l'huile utilisée. Les aliments cuits en douceur ne sont pas pour autant des poisons, bien sûr. Ils demandent simplement plus d'énergie pour être assimilés.

Les praticants du crudivorisme observent sur le terrain qu'une haute consommation de produits crus fait merveille, dans les premiers temps, sur l'équilibre ou le fonctionnement juste du métabolisme des Occidentaux surmenés. Rien de plus vrai pour la plupart des mangeurs. Il est humain de vouloir justifier cette observation par des sources scientifiques. Surtout en cette période de déification de la science. Hélas, les références scientifiques mises en avant par mes amis du cru ne sont ni consensuelles ni rigoureuses (enzymes d'Edward Howell ou leucocytose digestive de Koutchakoff). Cela désole une âme qui voudrait réconcilier le grand public avec la puissance des aliments-remèdes. À brandir des études qui n'en sont pas, voilà qu'on s'aliène la bonne volonté d'une grande majorité des auditeurs. Le dossier est présenté de manière plus étoffée dans Mon *Assiette en Équilibre* et dans le dossier spécial sur le site.

Retenons qu'il suffit de dix pour cent de cru sur un repas pour se prémunir de la leucocytose digestive. Par ailleurs, la production interne d'enzymes utiles à la digestion est garantie dès lors que l'organisme est alimenté en tous les nutriments utiles à son bon fonctionnement.

Chacun jouera très finement de la gamme des effets du cru. En matière d'alimentation humaine, à part quelques évidences, c'est votre biochimie individuelle qui dictera les meilleurs choix alimentaires.

PAVÉ DE BŒUF OU ROSBIF AU FOUR DOUX

Essayez-vous au bon vieux steak en cuisson si douce que le bœuf vous en remerciera. Ouf ! il ne se sera pas sacrifié pour rien. La viande offre une tendreté et un goût incomparables. Placez le steak au four à 85°C sans autre forme d'ensauçage. Laissez cuire une heure. Voilà. Après une telle expérience, vous ne reviendrez plus jamais à d'autres formes de cuisson, même si vous manquez de temps.

Un pavé de bœuf par personne

❶ Placez le pavé de bœuf sans sel ni poivre ni huile sur la grille du four préchauffé à 85°C. La lèche-frites du four sera sous la grille, pour récupérer d'éventuels sucs de cuisson.

On peut poêler le bœuf une minute de chaque côté dans un peu de matière grasse avant de l'enfourner.

Après, quand on sera des chefs, on raffinera en l'oignant d'huile parfumée ou en le laissant mariner au préalable...

Les plus aventureux s'essaieront aux cuissons à 65-70°C, plus longues et encore plus surprenantes. De là à descendre jusqu'à 45°C comme certains chefs le pratiquent en ces années folles..

❷ Cuisez une heure.

❸ Servez avec votre choix d'accompagnement: depuis la bonne laitue croquante du jardin jusqu'aux haricots verts vapeur accompagnés d'une petite échalote et de persil émincé. Mais, siouplaît, pas de frites sinon ce plat perd tout son sens en matière de qualité des graisses.

Rosbif

Un rosbif de 800 grammes cuira 1h30 à 1h45 à 80°C, suivant la recette du *Pavé de Bœuf.* Pour un goût un peu plus proche de la gastronomie classique, dorez-le avant de l'enfourner dans une poêle chaude et huilée une minute de chaque côté. Vous pourrez le trancher tout de suite, sans laisser reposer, comme on le ferait avec un rosbif traditionnel qui y gagnerait en tendreté. Servez idéalement sur un plat préchauffé au four doux en même temps que la pièce de viande, sinon elle refroidira trop vite. Pour mes pique-niques improvisés, je garde les restes de rosbif trois à quatre jours au frais, sur une assiette. Je m'en lichette des tranchettes en en-cas...

Poêler d'abord?

« *M'man, il a pas la couleur habituelle, ton steak !* » C'est la remarque qui nous pend aux oreilles après nos premiers essais de cuissons douces. Il est l'heure de biaiser pour séduire le regard des enfants (même grands...). On poêle d'abord de tous côtés la pièce de viande quelques courts instants avant de le terminer au four doux. Plus de remarques familiales ! La viande aura l'aspect extérieur grillé ET la texture incroyable. Bien sûr, si vous êtes un crudivore « pratiquant », sautez cette étape.

Dans le tableau de cuissons dans les annexes, je reprends une colonne pré-poêlage. Le poisson ne se pré-poêle pas, à ma connaissance.

Poêler sans graisses

Chez moi, c'est le grand chic parisien, car j'ai la chance d'avoir reçu en démo une poêle de la marque Baumstal, par la grâce du distributeur belge Distribio. Cet excellent matériel permet de poêler sans graisse et sans diabolique couche teflonique. On est ici alors dans le cas de figure idéal : zéro virgule zéro graisse cuite pour bibi... Je peux en rajouter plllllein après cuisson.

Le principe des quasi-charcuteries maison

Une petite faim au retour du bureau ? Pas le temps, pas l'envie, pas l'énergie de cuisiner ? Faites-vous un pique-nique du soir. Vous êtes superorganisé depuis que vous avez lu *Cuisine*

La petite poêle Baumstal de 20 cm de diamètre s'achète en magasins bio et coûte 84 euros. Pas cher si l'on considère qu'elle est garantie à vie et ne perd pas son revêtement comme d'autres...

Nature... à Toute Vapeur[*1]. Vous disposez d'un stock permanent de riz cuit, d'une vinaigrette maison pour la semaine et de légumes vapeur de la veille. Ajoutez quelques *Lanières de Volaille en Teriyaki* et une petite carotte râpée ou des lamelles de *Rosbif au Four Doux* et des tomates cerises, vous aurez un pique-nique délicieux et complet, à base d'aliments frais et sans surprises.

Car, bien sûr, vous êtes très attentif à la qualité alimentaire des viandes, volailles et autres zanimaux... Mais celles-ci sont parfois plus chères et votre budget ne peut pas suivre... Pour cependant conserver votre apport nutritionnel sans faire sauter la banque, je vous suggère volontiers la technique de quasi-charcuteries maison en cuissons basse température. Vous pourrez ainsi, à moindre coût, disposer d'une charcuterie garantie sans additifs, riche en juste proportions d'Ω-3 & -6, à base de viande pure de tout résidu d'hormones, d'antibiotiques ou de pseudo-hormones, et en un mot, pure de toutes ces saloperies qui faussent la donne physiologique (les engrais, pesticides, etc.).

[*1] voir le *Planning du Week-end pour un Jules qui se Rebranche Nature.*

Qu'utiliser en quasi charcuteries maison?

Nos quasi-charcuteries maison se garderont quatre jours au réfrigérateur, sur une assiette (PAS dans un récipient fermé). Il vous suffira d'en tailler des lanières pour en faire des charcuteries saines, qui viendront égayer un pique-nique improvisé (voir page 69).

On cuira au four doux (voir les recettes dans les pages qui suivent) des *Boulettes* de viande, un *Pain de Viande*, du *Filet Mignon de Porc Moutardé*, du *Biltong* à l'africaine, du *Rosbif* (ou sa variante budget: des carbonnades en lamelles), du *Magret Séché*, des *Lanières de Volaille en Teriyaki*. Ces réalisations ne conserveront bien sûr pas aussi longtemps que leurs consœurs de boucherie, cajolées par des divers adjuvants.

Plan spécial jules en solo

Une salade variée en pique-nique

J'ai toujours au frais quelques quasi-charcuteries maison, une vinaigrette maison pour la semaine et du riz ou du quinoa cuit. Les céréales déjà cuites comme le riz et le quinoa conservent leurs qualités jusqu'à cinq jours au frais, ce qui est loin d'être le cas pour les légumes cuits hélas. Ceux-ci ne semblent tenir le coup qu'un maximum de 24 heures après cuisson, et encore ! Je cuis souvent un peu trop de légumes frais le soir pour pouvoir les intégrer dans mon pique-nique du lendemain. Je n'ai qu'à ajouter un petit légume cru râpé, quelques graines germées qui traînent sur un coin de l'évier et un peu de l'animal cuit en douceur qui n'attend que ce moment pour réaliser mon bonheur*.

Un bouillon à la chinoise aux carbonnades de bœuf

Je dispose toujours au frais de bouillon de volaille maison et de quelques carbonnades (amis français : les carbonnades sont les dés de viande pour une daube) cuites au four doux. Je me réchauffe un bouillon maison, dans lequel je laisse cuire quelques dés de tomates épépinées et quelques lanières d'épinards frais. Je taille les carbonnades en lanières (dans le contresens des fibres, pour garder la tendreté). Je les dépose dans un bol avec un peu de jus de citron et de la sauce soja (pour faire chinois !). Je verse dessus le bouillon très chaud. Je ne rajoute pas les lanières dans le bouillon lors de la cuisson car, portée à de trop hautes températures, la viande redeviendrait la classique carbonnade coriace.

La paix des ménages

Dans l'optique de paix des ménages réunissant une omnivore et un végétarien, ces quasi-charcuteries sont un atout idéal. Prenons l'exemple d'un plat au wok à deux variables. Du riz et des petits légumes sont revenus au wok dans du curry. Chaque convive ajoute en fin de cuisson : des lamelles de bœuf cuites au four doux pour l'un, des noix de cajou pour l'autre. Paix dans un ménage carné-végé !

---

* Amis végés, vous trouvez cruelle ma façon de m'exprimer ? Meuh nnnnnon.... C'est une forme de recul indispensable à une ex-végétarienne qui n'est sur pied que depuis qu'elle a accepté de remanger des petites bêbêtes.

Rappel de bon sens

On vit très bien sans viande, en se limitant aux fromages, œufs et protéines végétales comme les amandes. Mais Wivine, longtemps végétarienne pure, s'est retrouvée énergétisée (et décholestérolisée par la même occasion) en repassant à l'omnivorisme carné. Il se fait que Wivine est du groupe sanguin O, réputé carnivore et apte à bien brûler les protéines animales et fort inadapté aux farineux. C'est d'ailleurs chez eux qu'on trouve tant de prétendus « allergiques au gluten », qui ne sont peut-être que victimes d'une folie de féculents. Wivine s'inquiète pour ses artères de ce qu'elle mange trop de viande et nourritures assimilées. En version quasi crue, pas de souci. Offrons-lui donc la possibilité de manger sainement selon son profil biologique. Dans l'encart ci-avant (*Plan spécial jules en solo*), j'illustre sur la base de mon expérience personnelle comment intégrer ces plats dans un quotidien débordé, gourmand mais peu cuisinier et peu enclin à tomber dans les pièges du sous-vide — ce qui est d'autant plus facile pour moi que mon palais ne supporte plus de telles ondées de sel et que, quelles que soient les prières et méditations que j'y consacre, mon tube digestif hyperréagit aux additifs quels qu'ils soient... y compris certains de ceux autorisés en bio, hélas.

Mayonnaise au robot en images

La *Mayonnaise Express* au robot est détaillée dans *Cuisine Nature à Toute Vapeur*. En gros, fouettez intimement un œuf, 1 cuill. c. de moutarde, une pincée de sucre, une pincée de sel marin, ¼ cuill.c. de jus de citron. Versez ensuite l'huile, en effectuant des mouvements de va-et-vient du mixeur vers le haut et le bas pendant 10 secondes. La version manuelle en images est sur le site, tout comme la version au mini-robot.

Versez tous les ingrédients sauf l'huiile dans un bol plus haut que large. Mixez bien, puis ...

versez l'huile et actionnez le mixeur de haut en bas quelques secondes jusqu'à la prise.

FARCE POUR PITTA AU FOUR DOUX

Farcissez une pitta toastée d'un mélange de crudités de saison (carottes, chou blanc en hiver), d'un peu de vinaigrette et de viande hachée cuite au préalable dans un four à 85°C. Cette viande hachée de bœuf n' a besoin ni de sel ni de poivre tant qu'elle reste cuite à si basse température. On s'assure une ration idéale de macro- et micronutriments. De plus, cette cuisson douce permet de n'utiliser que du bœuf alors que, normalement, la farce serait trop sèche si l'on n'y incorporait pas de porc.

par personne:
- **50 g de viande de bœuf hachée (facultatif : 35 g de lardons)**
- **1 cuill.s. de persil plat**
- **une échalote**
- **thym**

- ***Vinaigrette* maison**

- **crudités de saison**

❶ Étalez sur du papier sulfurisé la viande hachée. Écrasez à la fourchette. Ajoutez-y une échalote hachée, du thym froissé et du persil émincé. Ni sel ni poivre. Ce type de cuisson suffit amplement à préserver les goûts. Déposez à côté le lard coupé en lanières.

❷ Enfournez dans le four préchauffé à 85°C

La même base, modelée en keftas après ajout d'un œuf et de chapelure, cuira une heure. Façonnez avec une cuiller à glace et laissez cuire sur la grille. Voir la recette détaillée en *Keftas de Bœuf* page 72.

❸ Laissez cuire 35 minutes.

❹ Ôtez du four et couvrez pour garder chaud, pendant que vous cuisez les pittas maison au gril ou réchauffez les pittas du commerce dans un grille-pain.

❺ Farcissez la poche de pitta de tous les ingrédients, par couches successives. Dans ce cas-ci en été : carottes et concombre, viande et/ou lardons, vinaigrette. Contraste chaud/froid, croquant/tendre...Mmmhhh...

Pitta végétarienne

La même pitta peut être farcie par votre camarade de table végétarien de *Falafels*, de *Sauce Raita* ou de *Mayonnaise Maison*. La qualité « maison » est ici indispensable car les protéines doivent être de toute première qualité...

Sauce bolognaise

On ajouterait aussi de la viande hachée cuite en four doux en dernière minute à un *Coulis de Tomate Maison* pour en faire une sauce dite Bolognaise, cette sauce qu'ont inventée les belges, la croyant italienne... On laisse la viande se réchauffer l'espace d'un instant dans le coulis, hors feu. Il ne faut surtout plus cuire la viande dans la bolo. Elle en perdrait en tendreté...

Keftas de bœuf

Je rentre du bureau d'une journée en apnée. Je modèle des boulettes de hachis de bœuf (ou d'agneau ou de porc) avec les ingrédients ci-dessous. J'allume le four à 85°C. Je pars me promener en forêt pour me ressourcer. Retour après une heure : c'est cuit, tendre, parfumé, parfait !

Jerky de bœuf au four très doux

La même viande hachée, modelée en grissinis et séchée, s'appelle *jerky* aux États-Unis. On la sèche au four doux à 40°C ou au déshydrateur, matériel utile si vous n'habitez pas un pays du soleil et ne souhaitez pas utiliser le four. Les jerkys conservent bien plus longtemps que nos quasi-charcuteries, tout comme le Biltong décrit ci-contre.

Biltong ou viande séchée

Le Biltong d'Afrique du Sud, la viande boucanée de mon enfance au Katanga, le Pemmican des Indiens d'Amérique, le Qedid d'Afrique du Nord... sont des lanières ou quartiers de viande, séchés au soleil ou à la fumée du foyer. Vous pouvez produire vous-même cette version artisanale de la viande des Grisons. Faites sécher des carbonnades (dés de viande pour daube) taillées en lamelles[1]. Si vous n'habitez pas une région chaude où vous pourriez sécher les carbonnades au soleil ou, si vous n'avez pas investi dans un déshydrateur (cher, hélas !), séchez-les au four doux à 50°C (porte entr'ouverte). Durée : 12 heures. C'est délicieux, car le séchage leur confère un petit goût sucré. Mais n'abusez pas : 25 grammes de biltong valent 100 g de viande fraîche ! Tout comme les jerkys, le biltong est du faux-cru, dans la mesure où le crucial nutriment MSM*2 si essentiel disparaît au séchage.

Ces quasi-charcuteries peuvent paraître longues à préparer. Tout juste! Mais je ne peux offrir d'autre solution aux mangeurs plus fragiles que la moyenne qui seraient adaptés aux produits carnés. Malgré leurs bonnes intentions, la plupart des bouchers dont je scrute la production ont conservés des réflexes pernicieux : il leur semble tout à fait innocent de répandre à foison moults adjuvants dont on leur a affirmé, la main sur le cœur, qu'ils sont anodins. Faux. Aucun additif n'est anodin, d'autant plus qu'une part croissante de la population – et contre toute attente, beaucoup de jeunes – est fort fragilisée par ce genre de pratiques et il arrive désormais qu'on sur-réagisse à des micro-doses de ces produits.

*1 Pour tailler la viande plus finement en lanières, je la congèle deux heures.

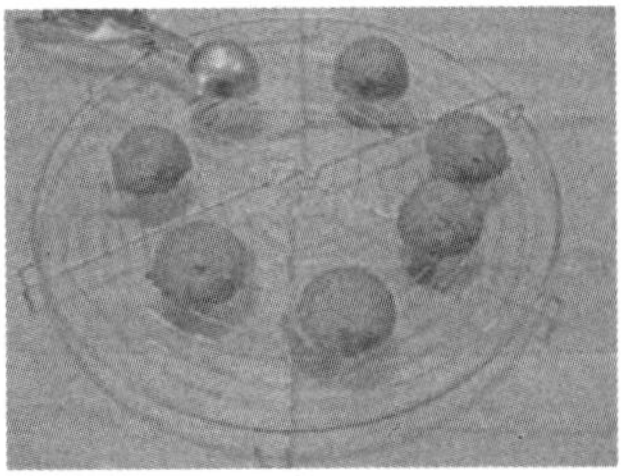

Je transforme le hachis pur bœuf en boulettes en ajoutant un œuf, du persil ciselé, une petite échalote émincée, du thym et une pointe de sel. Je modèle à la cuiller à glace pour la rapidité. Je cuis sur une grille une heure. J'utilise ces boulettes comme en-cas, émiettées dans mes pique-nique ou dans des pittas. dd

*2 MSM : MéthylSulfonylMéthane. Composés aminés sulfurés, détoxifiant cellulaire puissant, que l'on trouve aujourd'hui en gélules dans les magasins de diététique, recommandés pour les inflammations, les troubles de l'immunité, arthrites, etc. Ils existent pourtant dans: la viande, le poisson, les fruits, le lait à condition qu'ils soient crus et frais. Ce composé disparaît dans les produits transformés, séchés ou cuits. Idem pour la méthionine et la cystéine.

Carbonnades au four doux

•600g de carbonnades en gros dés (morceau de viande utilisé pour les daubes)

Plan spécial budget. Les carbonnades sont le terme belge pour ces bas morceaux peu chers, réputés coriaces, mis en place dans les daubes en mijotés très longs et délaissés aujourd'hui par les cuisiniers pressés qui ne connaissent pas nos subtiles techniques. Cuisez-les sans autre forme de procès au four doux, pendant une heure, à 85°C (mieux encore: 2 heures à 70°C). Gardez-les au réfrigérateur pour vos pique-niques improvisés : vous en taillerez des lamelles pour une petite salade variée, pour un bouillon minute, pour terminer un plat au wok, etc.

Je conserve au frais des carbonnades de bœuf cuites au four doux. J'en intègre des lamelles dans mes petites salades sur le pouce.

EXEMPLE DE DE SALADE VARIÉE EN PIQUE-NIQUE 1
lamelles de carbonnades, laitue frisée, tomates cerises et Vinaigrette maison, bien sûr (sinon ce n'est pas du jeu...)

EXEMPLE DE SALADE VARIÉE EN PIQUE-NIQUE 2
lamelles de carbonnades, mange-tout, champignons bruns de Paris, persil plat, du jus de citron vert, mayonnaise maison

Ce n'est pas parce qu'on est seul ou fatigué qu'on doit se punir en mangeant mal. Pour se démarquer de l'image des mères prisonnières des fourneaux, il n'est pas non plus nécessaire de mal se nourrir et de s'abstenir de cuisiner. Bien au contraire, tout le monde devrait avoir le droit de cuisiner. Mes recettes visent à vous ouvrir les portes d'une cuisine renaturée en version speedée...

GIGOT D'AGNEAU TANDOORI AU FOUR DOUX

- un gigot d'agneau de 750 grammes avec os
- 6 cuill.s. d'huile V.P.P.F. (sésame ou olive)
- 3 cuill.s. bombées de curry parfumé (pâte ou poudre)

❶ Oignez le gigot huilé de curry tandoori en pâte ou poudre. Ne salez ni ne poivrez.

Pour un résultat plus séduisant, faites d'abord dorer le gigot à la poêle de tous côtés avant de le badigeonner.

❷ Placez-le dans un four préchauffé à 85° C. Cuisez pendant 4 heures.

Pour info. La cuisson habituelle à 200°C serait d'une heure environ.

J'ai entre autres découvert les saveurs des cuissons douces grâce à la classique recette française du gigot de onze heures, transmise par Jean-Pierre Coffe. Inspirez-vous de l'original, bien plus sophistiqué et raffiné*[1]. Nous sommes ici entre jules pressés, n'est-ce pas ? En gros : il s'agit de faire dorer un gigot de trois kilos dans un four à 250°C, de le laisser « somnoler doucement » deux heures dans le four à 180°C et enfin de le laisser deux heures de plus dans le four éteint, emmailloté de feuilles d'aluminium (bof de bof !) doublées d'une couverture de laine.

J'avais aussi apprécié la cuisson des œufs sur le plat de Pierre Perret*[2]. Le cher homme y amorce la cuisson des œufs puis ôte le poêlon du feu assez vite, pour le couvrir et le garder ainsi pendant cinq minutes. La saveur du jaune est incomparable...

*[1] sous le titre *Gigot à la Couverture* (de cinq heures) dans son livre *Comme à la Maison* (éd. Plon)
*[2] La *Cuisine de ma Femme*, chez Plon

Physico-chimie des viandes à basse température: Comment ça marche?

Il faut cuire assez haut pour dissoudre le collagène sans perdre l'eau des chairs, ce qui conserve à la viande sa tendreté et sa jutosité, dit le chimiste Hervé This. Il doit y avoir plus, tout de même, car sinon pourquoi ces viandes en cuisson douce ne demandent-elles aucun assaisonnement ? Un carpaccio ou un tartare, même basé sur la meilleure des viandes, est peu goûteux si on n'ajoute pas sel, épices, parmesan, que sais-je encore... De même, un steak grillé ou poêlé exige aussi un peu d'agrément pour être aimé. Une viande cuite au four doux, sans sel, sans poivre, sans huile sera un vrai délice sans autre forme d'assaisonnement.

Sur le formidable site de Chefsimon.com, Hervé This, initiateur de la gastronomie moléculaire en France et promoteur des cuissons douces chez les chefs français, communique recettes et articles sur le sujet.

Un extrait de sa recette *Eventail de viandes* sur ce site:

« (...) *la connaissance des transformations de la viande chauffée donne des idées : à 55°C, la myosine (une des principales protéines des cellules musculaires) commence à coaguler; le collagène commence à se dissoudre; à 66°C, les protéines sarcoplasmiques, le collagène, la partie globulaire de la myosine coagulent ; à 70°C, la myoglobine ne fixe plus l'oxygène, et l'intérieur de la viande devient rose à 79°C, l'actine coagule; à 80°C, les parois cellulaires sont rompues, et la viande devient grise; à 100°C, l'eau est évaporée et la viande perd sa tendreté; à une température supérieure, les réactions de Maillard engendrent des produits bruns, savoureux et aromatiques.* »

En cuissons au four doux, ne salez pas et ne chargez pas trop en aromates comme pour des cuissons habituelles, vous regretteriez le goût trop fort qui en résulte. Serait-ce que la quasi non-cuisson exalte tant les sels minéraux qu'ils sont plus présents?

Contre-feu des crasses

« *Quel contre-feu prévoir si je craque pour manger des crasses ?* » s'enquiert Jeannot. On aimerait pouvoir répondre : « *Oh ! un petit jus de citron va nettoyer tous les excès alimentaires.* » mais la réponse est bien sûr plus complexe.

Il faudrait d'abord s'entendre sur la définition de « crasses ». C'est le sujet d'un long débat. Résumons. Pour la cuisine nature, les crasses sont les aliments et les combinaisons inadaptés à votre profil métabolique individuel tout autant que l'excès d'aliments de dépannage. Votre voisin amateur de steak tartare et frites maison ne se gave pas de crasses, comme vous le croyez, à condition que sa biochimie individuelle soit adaptée à ce type de repas. En revanche, s'il se contente de frites surcuites dans une graisse végétale rance et non bio, de steak tartare tout venant mélangé à de la mayonnaise en pot... voilà qui pose plus question...

Par ailleurs, s'agit-il d'un feu de forêt ou d'un feu dans l'âtre, que vous gardez sous contrôle ? Vous êtes seul juge de la chronicité de vos inflammations. Avec un peu d'écoute, vous vous rendrez compte que, pour se remettre d'excès, l'un va devoir passer une journée au bouillon ou au jus frais, l'autre devra dormir plus longtemps, le dernier choisira du pain sec . Certains vont se remettre sur pied en un jour, d'autres exigeront plus de temps. Les dérèglements généraux engendrés par des déséquilibres alimentaires ou l'abus d'un aliment qui vous est agressif (hypersensibilités) ne se sont pas produits en un jour. Mieux vaut ne pas trop se focaliser sur des déviances momentanées par rapport à nos règles personnelles. Vous passerez plutôt au contrôle technique deux fois par an : une cure antifatigue au printemps et à l'automne devrait remettre à flot vos mécanismes de base, sauf si vous êtes très fragilisé ou multihypersensible — auquel cas vous maintiendrez la pression pendant quelques mois, afin de rétablir le terrain (ce sera alors *Mon Assiette en Equilibre*) ....

Hypersensibilité ou intolérance alimentaire: allergie cachée; le sujet vit une version lente d'allergie, une « addiction alimentaire » où il ne présente pas des signes immédiats mais n'est soulagé qu'après avoir ingéré l'aliment favori.

LANIÈRES DE VOLAILLE EN TERIYAKI AU FOUR DOUX (BONBONS DE POULET)

Du blanc de volaille taillé en lanières est mariné dans la sauce teriyaki (déjà utilisée pour les Bonbons de Saumon), puis embroché et cuit 50 minutes à four doux. Intégrez-les dans une salade variée de germes de soja, carottes et coriandre fraîche. On peut aussi les conserver jusqu'à 4 jours au réfrigérateur pour improviser des pique-niques minute.

- 600g de blancs de poulet

SAUCE TERIYAKI

- ½ cm de gingembre frais ou 1 cuill.c. de gingembre en poudre
- une gousse d'ail pressée
- 1 cuill. s. de sauce soja ou shoyu
- 4 cuill. s. d'huile d'olive ou sésame
- 5 feuilles de coriandre
- ¼ cuill. c. de miel liquide ou de sucre

- 400 g de carottes
- 2 poignées de germes de soja

❶ Faites macérer une nuit des blancs de poulet taillés en lanières de 5mm dans la sauce teriyaki (ail, shoyu, huile, gingembre, miel).

❷ Épongez l'excès de sauce et piquez sur des brochettes, que vous déposerez sur la grille du four, en plaçant la lèche-frites dessous. Cuisez 50 minutes au four préchauffé à 85°C. Pendant ce temps, faites décrudir à la poêle, dans un fond d'huile, les germes et les carottes râpées. Mélangez le tout.

Ces bonbons de poulet se substituent bien aux *dés de poulet panés* réclamés par vos convives depuis qu'ils les ont goûtés dans un néfaste-food. Les volailles avec l'os n'ont, à mon goût, que peu d'intérêt en cuisson au four doux. Primo : la cuisson est longuissime (3h30 pour une cuisse de poulet, 6 heures pour un poulet entier!). Deuxio : la peau devient d'une texture peu agréable, la chair est un peu gélatineuse. Tertio : la cuisson douce ne produit pas, sur la viande de volaille, les effets que l'on peut observer sur d'autres viandes.

— C'est long tes cuissons au four doux, soupire ma sœurette.

— Comme tout le monde, j'installe des outils modernes sans prendre le temps de lire le mode d'emploi, ma belle. Comme tout le monde, je ne savais pas que les fours de fabrication récente proposent une fonction électronique de « programmation ». Tu peux partir au bureau en programmant le début de cuisson pour 16 heures. Tu rentres à 18 heures : c'est cuit !

Magret de canard au four doux

Le magret de canard est le seul cas où il faut absolument poêler la pièce avant de cuire. Avec ce mode de cuisson, le gras des volailles, selon mon expérience, présente une texture désagréable, presque gluante. Avant de cuire au four doux, dorez le magret du côté gras, dans propre graisse, durant 2 minutes. Idéal aussi pour les impros.

Quantités de viande & assimilés

Selon les tables de nutrition, l'être humain adulte n'aurait, grosso modo, besoin que de l'équivalent d'un œuf de source animale par jour (60 grammes). Le reste de la ration occidentale, si riche et si variée, apportera des protéines en suffisance puisqu'il y en a dans les céréales, les légumineuses, les champignons, les haricots, les légumes... partout, quoi. Pourtant, malgré les hauts cris de certains conseilleurs en cuisine, la biochimie personnelle de certains mangeurs ne brûle bien que les protéines animales et peu les protéines végétales. Dans ce cas-là, ces sujets n'hésiteront pas à manger comme des Masaïs (qui profitent d'un quotidien de lait, sang, viande...). Face aux ayatollahs de la nutrition, il me plaît de vous ramener à votre expérience propre. On se rappellera malgré tout que surmanger des protéines (animales ou végétales) est une erreur nutritionnelle, alors que la consommation de lipides n'a pas de limites autres que le bon sens. Observez vos propres réactions, tenez un carnet de bord similaire à celui que je propose sur le site : c'est sur l'état de vos petites sentinelles personnelles que vous observerez la justesse de vos choix alimentaires. Je parle en connaissance de cause. Je fus végétarienne crudivore... J'ai failli y laisser ma peau, car ce n'est pas mon profil.

Tant et tant de victimes d'épuisement chronique ont choisi un plan trop végétarien pour leurs forces vitales. Sur un plan purement nutritionnel, les viandes et assimilés demandent moins de travail de digestion. Je remercie au passage le naturopathe Peter d'Adamo*[1]. Par sa pourtant fantaisiste théorie, il a ouvert les yeux de certaines personnes comme moi qui avaient par éthique choisi un plan alimentaire inadéquat à leur profil biologique. Selon lui, les personnes du groupe sanguin 0 sont plus carnivores que les personnes du groupe sanguin A qui seraient plutôt des végétariens.

*[1] auteur du livre *Régime des Groupes Sanguins*, voir aussi sur le site mon article remettant ce livre en perspective critique.

Je cherche encore comment faire plus simple : je dépose les pièces de viande sans sel ni poivre ni huile sur la grille du four préchauffé à 70° ou 85°C selon ce que je cuis. Je laisse cuire en tendresse et voilà.. Le hachis de viande se cuit sur une feuille de papier sulfurisé, bien sûr... Quelques variantes plus cuisinières sont détaillées sur le site.

Filet Mignon de Porc en lit d'Herbes au four doux

Un filet mignon de 800g huilé et roulé dans des herbes de Provence cuira 4 heures au four doux. La viande reste rose après cuisson, mais elle est cuite. Elle est tendrissime et juteuse, sans que l'on ne doive lui faire des piqûres de jus d'ananas frais comme le suggère le chimiste Hervé This (la broméline, enzyme de l'ananas frais, prédigère les fibres de la viande). On la tranche en quelques médaillons. Et pourrait même, tiens mais oui, accompagner d'une petite sauce *Coulis de légumes* ou *Sauce au beurre blanc* (où le beurre n'est pas cuit, si vous vous rappelez bien...).

Pétales de tomates et autres légumes au four doux

Profitez de la chaleur du four doux pour y cuire des légumes: poivrons, tomates, languettes de courgettes, etc. Vous baisserez la température à 50°C et vous les laisserez deux heures de plus. Vous en lécherez les doigts. Illustrons par les pétales de tomates. Ce sont des tomates presque confites dans leur propre sucre. Des quartiers de tomates de saison, mûres, épépinées, pelées, sont déshydratés au four. Ces pétales se conserveront une semaine au frigo sous un filet d'huile de qualité et apporteront couleur à tous les plats. Leur saveur sucrée implique la parcimonie — la tomate est un fruit, on l'oublie souvent. Son goût risque de supplanter tous les autres dans l'assiette. La même procédure s'utilise pour des aubergines, des courgettes, etc.

La cuisson douce ici est plus anecdotique qu'essentielle, puisque les cuissons douces conviennent très bien aux végétaux.

Chips de pommes

Profitez aussi de la chaleur d'un four déjà allumé à cette température pour d'autres produits pour y préparer des *Chips de Pommes.* Aussi appelées « oreilles de nonnes » en Wallonie, ces tranches de pommes citronnées et séchées en pleine saison sont un mode de conservation pratique. Ce seront des zakouskis, des collations, des desserts improvisés, des provisions de promenade. Il est difficile de vous donner envie de prendre le temps de réaliser une recette un peu fastidieuse sans que vous y ayez goûté. Vous cacherez ce délice irrésistible dans une boîte hermétique, dans un coin reculé du placard; sinon la réserve risquerait de faire long feu ! Tranchez en lamelles fines les pommes non pelées (elles doivent donc être de provenance saine pour éviter les résidus chimiques sur la pelure), mais évidées au vide-pomme et lavées. Citronnez-les abondamment pour éviter qu'elles ne noircissent et ne perdent trop de vitamine C. Séchez-les au four à 40-50° pendant 8 heures. Autre solution: enfilées sur un manche de balai ou une ficelle, au-dessus d'un radiateur ou de toute autre source de chaleur.

PÂTÉ FIN DE VOLAILLE À LA MODE VERGÉ

Le meilleur aliment pour se remettre sur pied sans compléments alimentaires est celui que nous fuyons aujourd'hui : les foies (de veau, de volaille, etc.). Ils sont censés entreposer les déchets, réputation non usurpée. Si on voulait être tout à fait puriste, on les consommerait crus comme le faisaient nos aïeux ou les Indiens d'Amérique ... Blurks. Vous imaginez du jus de foie cru, comme Mammie le faisait boire à sa fille après un accouchement difficile ? Compromis à la belge : choisissez des foies de volaille de source bio garantie, cuisez-les une demi-heure au four doux et moulinez-les avec du persil plat, un jaune d'œuf, des échalotes fondues à la poêle et déglacées au Pineau des Charentes[*1]*. Même un jules novice en cuisine réussira un plat d'une telle simplicité.*

- 6 foies de volaille
- une échalote
- un trait de pineau
- un jaune d'œuf
- 2 cuillérées de persil plat

[*2] Achetés chez un bon fournisseur, les foies sont généralement déjà dénervés et nettoyés. Pour un pâté moins amer, faites-les encore dégorger une nuit au frais dans du lait.

❶ Pendant que vous faites cuire les foies de volaille parés[*2] sur la grille du four préchauffé à 85°C (45 minutes), cuisez à petit feu une échalote émincée dans un fond d'huile d'olive ou, mieux, de beurre clarifié.

❷ Déglacez avec une toute petite giclée de pineau ou de cognac. Moulinez le persil, les foies cuits-doux et l'échalote. Ajoutez le jaune d'œuf. Fouettez.

L'idéal : mouliner à la grille moyenne du moulin à viandes ou avec l'extracteur de jus multifonctions. Le réel : au robot ou au moulin à légumes.

❸ Servez avec votre choix d'accompagnement : soit roulé dans une feuille de bonne laitue croquante du jardin ou tartiné sur un toast de bon pain au levain, ou encore des lanières de courgettes cuites.

[*1] Le pineau est refusé par les puristes du cru. « *Ils ont tort.* » Signé : Jeanne Calment (1875-1997), qui a ponctué chaque journée de sa longue vie d'un petit cognac. Contresigné par Taty, pineauphile invétérée.

[*2] transmise dans son livre *Ma cuisine du soleil* (existe en poche, riche source d'idées simples et faciles); présentation sur le site

Cette recette s'inspire du délicieux *Pâté de Foies de Volaille* de Roger Vergé[*1]. J'ai ôté de la recette originelle le pain trempé dans le lait, qui sert à densifier la préparation — et peut-être aussi à nettoyer le moulin, tout simplement. J'ai remplacé le poêlage par une cuisson au four doux et je ne sèche pas le pâté en casserole comme le fait le grand homme.

Foies de Volaille Hachés à la juive

La plus connue et la plus appréciée des recettes classiques de la cuisine juive est peut-être un secret de santé (au même titre que le bouillon de volaille maison si ubiquiste dans cette tradition). La recette en est plus simple que le Pâté de Volaille ci-contre.

❶ Deux petits oignons hachés sont revenus dans la graisse de volaille.

❷ On les mélange avec 500 g de foies de volaille cuits au four doux et ensuite hachés, 4 œufs durs, du sel, du poivre, 1 cuill.s. de bouillon de volaille pour détendre si le mélange est trop sec.

❸ On sert ce pâté avec de la laitue en lanière et des tomates cerise, sur du pain azyme, par exemple.

Foie de morue

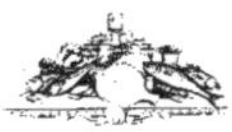

Vous êtes rebuté par les foies de volaille ou de veau ? Pour vous garantir l'apport juste en précieux nutriments comme la vitamine A, offrez-vous alors une fois par semaine des foies de morue. La marque de Bardo, en magasins bio, propose des foies de morue en boîte tout à fait exquis. Et pas chers, ce qui est une prouesse pour ce producteur qui vise généralement très haut.

Poulet entier, cuisses de poulet

Je suis muette sur le sujet, tout au moins en cuisson à basse température, car mes essais ont été peu convaincants. Dès que l'os est présent, le résultat n'a pas grand succès.

Salades et caviars végétaux

Les végétaux crus ont une déclinaison en cuisine que vous pratiquez déjà, peut-être : les salades de saison*[1]. Vous pourriez, en mode très léger, compléter une belle et bonne salade par des graines de tournesol grillées ou des graines germées, comme je l'illustre plus largement dans *Germes de Gourmand*. Si vous craignez manquer de protéines, vous y ajouterez des œufs mollets ou pochés, un peu de chèvre émietté, des quasi-charcuteries maison, etc. Dans ce chapitre-ci, vous goûterez une *Salade d'Avocat, Pamplemousse et Crevettes* (p. 74) ou une *Salade Folle de Crudités d'Automne et Raisins* (aux avocats ou au fromage de lait cru, p. 87), assaisonnées de *Vinaigrette* ou *Citronnette* (p. 75). Les *Crudités d'Hiver Chatoyantes* aux sublimes couleurs seront agrémentées d'une *Sauce au Curry* (p. 83-84). Un exquis *Caviar d'algues* sur une salade de concombre aux crevettes (p. 89) ravira les papilles aussi bien que les cellules assoiffées de nutriments. Cet incomparable caviar d'algues peut être tartiné sur des toasts en zakouskis – c'est un tube de l'été – ou accompagner des *Brochettes de Légumes Crus* (p. 77), si vous ne les servez pas avec une *Anchoïade* ou un *Beurre d'Ail* (p. 78).

*[1] Plein d'idées dans les livres et les sites de recettes classiques, ou dans tous mes autres livres, en particulier *Cuisine ... À Toute Vapeur* ou *Germes de Gourmand.*

Les **potages** sont rarement crus de chez crus, ne fût-ce que parce que le végétal est, à l'inverse l'animal et des graisses, la part alimentaire qui tire le moins bien profit de cette technique. Les nutriments des végétaux sont parfois mieux assimilés en version cuite, en douceur — ou alors, consommés en jus fraîchement pressés. Je propose ici une *Crème d'Orties Minute* (p. 93), prétexte à revoir les principes des cuissons de potage minute déjà étudiés dans *Cuisine Nature ... à Toute Vapeur.*

Les matières grasses crues sont ici traitées en sauces diverses et parfumées : *Vinaigrette* ou *Citronnette* (p. 75), *Sauce au Curry* (p. 84), *Anchoïade* ou un *Beurre d'Ail* (p. 78), *Caviar d'algues* (p. 89), *Sauce Vitalité* (p. 81). Le *Hachis d'Échalotes Persillé* a été présenté avec l'assiette marine d'été (p. 45). On verra aussi quelles huiles utiliser dans quels cas et pourquoi il faut manger de bonnes graisses crues pour mincir !

Autres recettes protéinées en mode végétal. C'est dans *Germes de Gourmand* que nous nous rapprocherons de ceux qui souhaitent remplacer les chairs animales par des menus végétaux aussi ressourçants et aussi faciles à assimiler par les personnes les plus fragilisées. La germination est LA technique pour le végétarien pressé/fatigué. On y dégustera des caviars végétaux, comme le *Pâté Végétal Provençal Ma' Kousmine*. Cette base de tartinade de zakouski peut être transmutée en *Sauce Vitalité* ou en *keftas*, croquettes cuites à la poêle.

SALADE D'AVOCAT, PAMPLEMOUSSE ET CREVETTES

Mélangez des tranches d'avocats mûrs, des crevettes, un peu de quinoa, des morceaux de pamplemousse juteux, quelques poignées de mâche en hiver ou un concombre et une salade croquante en été. Disposez simplement sur les assiettes en jouant avec les couleurs et les formes.

- 2 avocats mûrs
- 100 g de crevettes grises ou 30 crevettes roses
- un petit pamplemousse
- 2 grosses poignées de laitue (ou mâche ou doucette* en hiver, ou batavia, et un concombre en été)
- facultatif : graines germées diverses, comme luzerne et chou rouge

* **parer** : ôter les parties dures, immangeables;

❶ En hiver, parez* la salade de blé (ou mâche), que vous aurez lavée dans trois eaux successives, en ôtant le pied et les feuilles fanées. En été, lavez simplement la laitue dans beaucoup d'eau.

❷ Disposez sur les assiettes les lanières de salade, déchirées à la main (ou les petits bouquets de mâche ou les tranches de concombre).

❸ Pelez les avocats au couteau économe et coupez-les en deux. Ôtez le noyau. Taillez en tranches, sans couper jusqu'au bout. Étalez-les en rosette sur l'assiette. Citronnez immédiatement.

zis is an économe

❹ Détaillez les quartiers de pamplemousse ou taillez-le à vif si vous connaissez la technique.

❺ Coupez les quartiers de pamplemousse en deux et posez-les sur chaque assiette, avec les crevettes. Le pamplemousse doit être en quantité très minime par rapport à l'ensemble.

❻ Servez avec une timbale de quinoa et un filet d'huile. Nul besoin de jus de citron ici, car les avocats sont citronnés et le pamplemousse est déjà bien acide. Juste un filet d'huile de toute première qualité.

N'assaisonnez pas la salade plus de vingt minutes avant de servir. L'acide de la vinaigrette ferait s'effondrer les feuilles, qui se flétriraient et ne seraient plus aussi savoureuses.

Les crevettes sont ici un apport gustatif et culturel. Protéiniquement parlant, elles ne font que doubler la mise de l'avocat et du quinoa, déjà riches en protéines complètes et équilibrées. Comme le pamplemousse peut agresser certaines digestions, il est prévu en petites quantités. L'indispensable apport des feuilles vertes au quotidien est ici couvert.

Vinaigrette ou Citronnette persillée

•1 cuill. café de moutarde de qualité (au jus de citron, ou à la limite mais vraiment: au vinaigre de CIDRE) •12 cuill. s. d'huile d'olive et 3 cuill. s. d'huile de tournesol •3 cuill. s. de jus de citron •1 cuill. s. de persil haché

Fouettez tous les ingrédients et conservez dans un récipient hermétique, au réfrigérateur. Pour une émulsion parfaite, allez-y d'un p'tit coup de mixeur. Pour rappel, la *Vinaigrette Riche* détaillée dans *Cuisine Nature à Toute Vapeur* est composée des ingrédients ci-contre, auxquels on ajoute parfois du gomasio, ou de l'ail écrasé, ou 1 cuill. s. de levure en paillettes, ou une échalote hachée, ou un peu de pâte de curry.

Composez une vinaigrette pour une semaine. Conservez-la dans un récipient en verre.

Conserver les feuilles vertes

Comment conserver plus d'un jour de la laitue coupée, des orties ou des herbes fraîches ? Lavez-les sans les détailler en lanières ou morceaux. Entourez-les d'un linge à peine humide ou emballez-les dans un plastique après les avoir aspergées d'un tout petit peu d'eau avant de refermer ledit plastique. Vous les garderez ainsi jusqu'à 5 jours dans le bac à légumes du réfrigérateur. Ce procédé s'applique à d'autres légumes. Les concombres, choux-raves et betteraves rouges crues, non pelées, par exemple, conservent plusieurs semaines avec cette technique.

Emballez les légumes frais dans un sachet plastique à peine humide ou dans un linge mouillé. Vous les conserverez plusieurs jours tout frais.

Conservation des légumes

Au retour du marché, consommez d'abord les légumes qui flanchent vite : les légumes à feuilles vertes (comme la laitue, les épinards, la salade de blé, etc.). Pratiquez la conservation en sachet plastique détaillée ci-contre pour pouvoir les garder plusieurs jours. Les champignons et artichauts font exception : ils se consomment sans tarder et ne peuvent passer par la technique du plastique ou linge mouillé.

Gardez pour le milieu de la semaine les choux de Bruxelles, les brocolis, les chicons (endives), les radis roses, les haricots verts et cousins.

Conservez deux semaines au réfrigérateur ou en cave très froide les choux blancs et rouges, les betteraves rouges, les radis noirs, les navets, les fenouils, les concombres, le céléri-rave, les courgettes, les poireaux (voir technique ci-dessus du plastique ou linge mouillé).

Se maintiennent bien en placard frais ou en cave l'hiver et en réfrigérateur, l'été, dans le bac à légumes : les carottes, les potirons, potimarons et autres courges, les oignons, les échalotes, l'ail.

Sont conservées sous forme séchée les légumineuses (lentilles & C°).

Les fruits qui ne supportent pas le réfrigérateur proviennent des pays chauds comme les bananes et les avocats. Originellement, les tomates non plus... mais on les a dressées pour ! Désormais on peut conserver les tomates au frais sans trop de dégât.

Conservation et respect

- Evitez les caprices de légumes et fruits **hors saison**, car ils perdent la plupart de leurs nutriments avec le temps et la distance : des tomates cultivées en serre en plein hiver, des fraises à Noël provenant du Chili, des raisins en avril sont une aberration gustative et nutritive. Tableau des saisons sur le site.
- Pour conserver les nutriments et les saveurs, on évite tant la chaleur que l'**air et la lumière**. Illustration : les huiles V.P.P.F. (sauf olive) sont conservées au froid, bouchon fermé, dans du verre fumé.
- **Chaleur et air**. Conservez les végétaux au réfrigérateur dans leur emballage plastique bien fermé afin qu'ils ne flétrissent pas trop vite, signe de leurs pertes en nutriments.
- Les végétaux les plus fragiles (les feuilles vertes telles les laitues) ne conservent qu'un ou deux jours. Les légumes-racines (carottes) et les choux (p.ex.: blanc et rouge) conservent plus d'une semaine.
- Les légumes cuits ne gardent leur saveur que vingt-quatre heures, s'ils sont conservés au frais dans un récipient bien fermé. Surgelez les restes dès la fin du repas, ils conserveront au congélateur jusqu'à quinze jours sans changer de goût. Ils seront alors transformés en potage-minute en un tournemain.
- Les poissons frais ne conservent qu'un jour, les viandes et volailles deux à trois jours maximum. Et toujours au froid !

BROCHETTES DE LÉGUMES CRUS D'ÉTÉ ET DEUX SAUCES

Présentés en brochettes et accompagnés d'un Beurre d'Ail aux Noix ou d'une Anchoïade Nouvelle, des légumes crus sont offerts en zakouskis ou emportés en pique-nique. Ces brochettes peuvent aussi accompagner l'esprit d'un barbecue.

- une botte de radis
- 1 salade verte
- 250 g de champignons de Paris
- 250 g de carottes nouvelles
- 200 g de petits pois frais

facultatif : graines germées

❶ Lavez, puis taillez les radis et les carottes en rondelles, les champignons en lamelles. À la main, déchirez la laitue en lanières : elle brunira moins vite que taillée au couteau. Écossez les petits pois (fraîchement cueillis au jardin : ce serait le rêve...). Les petits pois surgelés ne conviennent pas ici.

❷ Disposez les légumes parés sur des piques en bois. Ces brochettes se mangent crues, trempées dans le beurre d'ail. On pourrait imaginer de les cuire un instant au barbecue – en ajoutant la laitue après, bien sûr.

Choisissez les produits
les plus frais, les plus proches de nous,
les moins transformés.

Beurre d'ail aux noix

- 5 gousses d'ail
- une pincée de gros sel marin
- une branche de thym
- 2 cuill. s. de persil plat
- 20 noix
- huile V.P.P.F. ou 50g de beurre

❶ A l'aide du mouli-légumes ou du robot, moulinez les gousses d'ail pelées, que vous aurez préalablement écrasées du plat d'un gros couteau, avec les cerneaux de noix, le gros sel et un peu d'huile.

❷ Ajoutez le persil plat ciselé qui atténuera encore les ardeurs envahissantes de l'ail. Ajoutez le thym : froissez la branche fraîche. Le thym sec n'est pas de mise ici. Conservez ce beurre d'ail aux noix au frais, en pot hermétique. Vous en napperez par exemple des pommes de terre au four, en chemise.

C'est au mortier que l'ail, paraît-il, donne le meilleur de lui-même sans que vous n'ayiez à importuner vos voisins. Ici, nous l'écrasons d'abord pour provoquer le même dégagement d'enzymes. Les cuisiniers avertis et bien équipés utiliseront bien sûr avec bonheur le mortier à cet effet. Les cuisiniers encore mieux équipés utilisent l'extracteur de jus multifonctions. Les noix en sortiront en outre moulues en pâte superfine...

Anchoïade Nouvelle

- 6 filets d'anchois conservés au sel
- 100 g de fromage frais AU LAIT CRU
- 3 gousses d'ail
- 3 à 6 cuill. s. d'huile d'olive
- 1 cuill.s. de jus de citron
- 2 cuill. s. de ciboulette hachée

L'anchoïade dans sa version classique (anchois, huile, citron, herbes) conserve au réfrigérateur plus de quinze jours, dans un récipient fermé. Ici, nous moulinons les anchois avec du fromage frais. Parce que ! Consommez plus vite que l'anchoïade originale, car le fromage de lait cru est plus éphémère... On la sert en trempette, entre autres pour cette *Brochette toute crue,* ou tartinée en barquettes de légumes.

❶ Rincez les filets d'anchois sous l'eau courante, pour les dessaler.

❷ Écrasez-les en pommade avec les autres ingrédients (ail pressé au presse-ail, jus de citron, fromage, herbe fraîche, huile). Ou moulinez au mixeur électrique pour obtenir une pâte.

Ail cru

*[1] **prébiotiques** : type de fibres alimentaires (bananes, ail, tomates, orge, artichauts, topinambours, etc.) qui sont des promoteurs de la croissance des bactéries bénéfiques.

Dans cette recette, l'ail est cru, contrairement à la recette de la *Purée d'ail*, qui consiste à mouliner avec de l'huile d'olive une tête entière d'ail, cuite à la vapeur quelques minutes. Le gros sel l'aide à dégager un parfum admirable. L'ail a toujours fait partie de la panoplie du parfait hygiéniste. On découvre maintenant que c'est un précieux prébiotique*, riche en multiples micronutriments. Modérez malgré tout vos élans car l'excès d'ail provoque presque autant de dégâts que son défaut.

Oléagineuses crues

*[2] **autres oléagineux**: amandes, noix de Grenoble, noisettes, noix de cajou, noix du Brésil, noix de pécan, cacahuètes ou arachides, graines de lin, graines de sésame, graines de citrouilles, graines de tournesol

*[2] **calories vides/pleines**: les calories sont d'autant plus « grossissantes » qu'elles sont apportées par des aliments sans grande densité nutritionnelle, ce sont les calories vides.

Les amandes et leurs consœurs*[2] apporteront minéraux en pagaille, protéines et hormones végétales, acides gras de toute première qualité, et fibres bien utiles au bien-être... Certaines oléagineuses sont plus prisées que d'autres, ce sera selon votre thérapeute et selon la mode. Les noix dans le *Beurre d'Ail* sont remises au goût du jour à cause de leur teneur en Ω-3, fort à la mode... Ces belles et bonnes graisses sont les calories les plus pleines qui soient, indispensables dans régime bien mené (surtout amincissant), à condition de rester crues et non rôties. Quelques noix et amandes suffisent par jour. Qui trop embrasse rate le train, disait la cousine de province. Les oléagineuses sont aussi riches en oxalates, qui peuvent subtilement perturber les biochimies les plus fragiles. Modération !

Les noix & associés sont des nourritures essentielles et ne font pas grossir à condition d'être mangées crues, non salées, non rôties...

Du rififi dans les tuyaux : le colon irritable

« *Mais je ne digèrerai pas tous ces légumes crus !* », énonce le colopathe lambda. Tout d'abord, ce sont les protéines et graisses qui exigent le cru ou quasi cru. Cette règle est bien moins stricte pour les végétaux. Par ailleurs, les côlon-maniaques ont la sage habitude de cuire les végétaux et les fruits ou de les peler, ainsi que le moins raisonnable réflexe de les éviter carrément. Si les légumes et fruits crus provoquent des gaz et des irritations chez vous, c'est parce que votre système digestif est défaillant pour le moment. Ce sont en effet des fibres « agressives » pour une paroi enflammée, au même titre que les noix & C° ou les céréales complètes. Vous profiterez alors pleinement des légumes et fruits crus sous leur forme de jus fraîchement pressés, puisqu'ils sont alors dépourvus de ces fibres. Dès que vous aurez rétabli la santé intestinale grâce à une alimentation ciblée, à vous les crudités en pagaille et finie la musique inopinée... En attendant, consommez les légumes et les fruits surtout cuits en douceur ou crus sous forme de jus de légumes frais, que vous boirez en fin de repas si vous êtes fragile au plan digestif. Ne laissez en tout cas pas cette situation se dégrader... « *Bof, je peux très bien supporter cette vie.* » Aheum... Êtes-vous sûr de bien saisir ce que votre grand âge vous apporterait comme petits «bonheurs» quotidiens si vous ne tâchez pas de rectifier le tir dès maintenant ? J'aime interroger les personnes du troisième âge sur leur vie, leur enfance, leur vision du monde et leur alimentation bien sûr. L'une d'elles m'a répondu poétiquement : « *Je regrette ne plus pouvoir manger tout ce que j'aime. Ce n'est encore rien de faire de la musique, mais quand tu ne peux plus arrêter la chanson, tu n'oses même plus prendre le bus.* » Antienne que reprendront en chœur bien des camarades de bridge de mon interlocutrice.

CRUDITÉS D'HIVER CHATOYANTES

Betterave rouge, carottes et chou-rave sont râpés et mélangés avec des feuilles de mâche et du cerfeuil cru; assaisonnée selon la vitesse de vent d'huile et jus de citron ou d'une Sauce au Curry. Combinant les couleurs rouge, orangé et verte, cette salade tout en fraîcheur et saveurs sucrées vous fera entendre chanter les petits oiseaux à table. Seul un regard peut vous dire l'enchantement des couleurs de cette salade, les mots ne suffisent pas.

- 2 carottes
- une betterave rouge crue
- un chou-rave
- 2 poignées de mâche
- ½ bouquet de cerfeuil
- graines germées

❶ Râpez les carottes lavées, la betterave et le chou-rave pelés à la grille moyenne de la râpe. Mélangez-les à la mâche, dont vous aurez ôté les racines APRÈS l'avoir lavée soigneusement. Ajoutez le cerfeuil, haché au couteau-berceau. Gardez les tiges pour une soupe.

❷ Un filet d'huile d'olive, un chouïa de citron : on touille et le tour est joué. Les jours d'entrain, vous pourriez l'assaisonner d'une *Sauce au Curry* (page suivante). Conservez cette salade au plus frais du réfrigérateur si elle doit attendre. À l'air ambiant, elle se gâterait trop vite.

râpe manuelle

Sauce au Curry Quasi Crue

Le curry n'exhale ses délicieuses bontés qu'à chaud. Pour profiter de ses vertus calmantes et équilibrantes, nous le faisons mariner dans l'huile à 40°C, sans brûler celle-ci.

- 12 cuill.s. d'huile V.P.P.F. (olive, sésame)
- une cuillérée de curry (en poudre ou en pâte, selon votre goût; la dose dépend aussi de la qualité de votre curry)

❶ Faites chauffer l'huile au plus petit feu possible. Il faut encore pouvoir y mettre le doigt sans se brûler.

❷ Versez le curry. Laissez mariner dix minutes, toujours au plus bas feu. La sauce est prête lorsque l'arôme du curry a envahi la pièce. Versez sur des légumes vapeur ou laissez refroidir pour assaisonner une salade.

Betterave crue

Frottez les carottes à la brosse dure pour ôter toute trace de terre. Pelez la betterave rouge et le chou-rave. Ces deux derniers produits ne se trouvent pas facilement en grande surface, mais ils se vendent sur les marchés, en particulier chez les maraîchers bio. Pour faire disparaître la teinture de betterave rouge qui macule vos mains quand vous les pelez, frottez-les d'une tranche de citron, puis lavez-les au savon. Les grands amateurs de crudités râpées utilisent le robot ménager pour râper plus vite. C'est moins savoureux.

Mise en scène du cru

Au début de vos aventures dans le cru, vous pourriez vous sentir décontenancés. En effet, le cru ne permet pas de grands effets de manche en cuisine. Pour parer à ce petit travers, mettez-le donc en scène à table, à la japonaise. Les cuisiniers japonais passent un temps minime à la préparation et à la cuisson et mettent un point d'honneur à la mise en scène de l'assiette.

Des huiles pour mincir?

Les huiles vierges de première pression à froid, conservées au réfrigérateur et consommées crues, sont une bénédiction pour l'organisme. Que ceux qui sont au régime amaigrissant permanent veuillent bien entendre que, tant qu'on ne les boit pas au goulot, les calories d'huiles crues de qualité et de beurre de lait cru ne pèsent rien en regard des calories des graisses cuites. Laissez-moi résumer.

Avis aux calorimaniaques. Vous ne pouvez maigrir durablement et en bonne santé que si vous mangez de belles et bonnes graisses en quantité.

La meilleure preuve que vous ne grossirez pas à manger gras (mais pas n'importe quelle graisse...) : la plupart des personnes ayant pratiqué une cure antifatigue de 15 jours (sans restriction hypocalorique, pourtant) témoignent avoir maigri de 4 kilos... Les multirécidivistes de régimes (dont je fus), aussi appelés les yoyoteurs car ils ont pris plus de kilos qu'ils n'en ont perdus, sont victimes de carences accumulées au fil de ces absurdités physiologiques que sont les régimes basés sur les calories ou les régimes hyperprotéinés en sachets. Une des carences principales est celle en acides gras qui se signale par : fatigue chronique, stérilité, confusion mentale... et surtout reprise de poids et hyperphagie ! Le corps affamé de l'essentiel vous taraude toute la journée pour avoir son content... et prend tout naturellement le dessus à 17-19 heures. Il vous réclame alors « n'importe quoi de gras s'il te plaît » : chips, fromage, chocolat... Le plus étonnant si l'on écoute les sirènes du marketing (et non le bon sens du paradoxe français par exemple...) : ce qui précède est vrai pour le beurre, la crème, toutes les graisses saturées si mal vues de l'establishment diététique. En équilibre, bien sûr, comme décrit dans *Une Cure Antifatigue*, par exemple.

Des matières grasses crues sont indispensables en qualité et quantité dans une alimentation équilibrée, *a fortiori* dans un régime, quel qu'il soit.

Quelle huile ?

En cuisine nature, celle qui ne vous veut que du bien, ce ne seront bien évidemment que des huiles V.P.P.F. : vierges première pression à froid. Toutes conservent au frais pour garder leurs propriétés bénéfiques, sauf l'huile d'olive qui s'y transforme en gel. Vous n'oublierez pas la version laitière du VPPF : le beurre de lait cru!

assaisonnement

Pour parfumer et oindre les légumes crus et cuits, les poissons, les salades composées, vous utiliserez les huiles d'olive, de sésame, de tournesol ou de carthame. Les huiles de noix et de noisette, aux arômes riches et profonds, sont parfois ressenties comme peu digestes par certaines personnes. Elles sont surtout très chères lorsqu'elles sont de qualité P.P.F. Les huiles de pépin de raisin et de soja ne peuvent être de première pression à froid réelle pour des raisons techniques.

colza et Ω-3

Une polémique entoure l'huile de colza, aujourd'hui pourtant conseillée pour ses apports en Ω-3. Pas de panique : vous trouverez ces mêmes précieux acides gras dans d'autres graisses, particulièrement les noix de Grenoble, les poissons gras (même les sardines en boîte...), les graines de lin, les légumes verts, les viandes de bovins élevés à l'ancienne, les œufs de PQC (poules qui courent encore) !

mayonnaise

Pour une mayonnaise, utilisez l'huile de carthame de la marque Vigean, similaire à l'huile de tournesol par ses composants mais de goût beaucoup plus neutre. L'huile de pépins de raisins, réputée si stable et conseillée pour les mayonnaises, est hélas toujours raffinée : apport nutritif nul. C'est alors que la mayonnaise devient un adversaire au lieu d'une nourriture !

sauter

Pour sauter, pour frire, pour huiler les plats au four : le beurre clarifié, la graisse de canard ou l'huile d'olive, jamais les huiles de tournesol ou de carthame ou toute autre huile végétale ! Il semble que l'huile de maïs n'existe pas en version première pression à froid, pas plus que l'huile d'arachide. La graisse de palme non hydrogénée est un autre choix de roi pour sauter ou frire.

SALADE FOLLE DE CRUDITÉS D'AUTOMNE ET RAISINS

Cette salade est-elle dite « folle » parce qu'on y met de tout, c'est-à-dire n'importe quoi ? Avocats, céleri en branche, fenouil, champignons de Paris, scarole côtoieront raisins mûrs et pommes. Les pignons viendront parfaire la symphonie. On remplace parfois les avocats par du roquefort ou du comté.

- 2 avocats mûrs ou 80g de roquefort ou comté AOC
- 2 pommes
- une branche de céleri
- ½ bulbe de petit fenouil
- 100 g de champignons de Paris blonds
- une poignée de cœur de scarole
- 20 raisins frais
- une poignée de pignons

ASSAISONNEMENT
- huile d'olive
- jus de citron

* **chiffonnade**: roulez très serré les feuilles (de laitue, d'épinard, etc.) avant de les couper en fines lanières.

❶ Coupez en lamelles les avocats pelés et dénoyautés. Coupez en tout petits dés les pommes pelées et évidées. Citronnez immédiatement : ces deux fruits s'oxydent très vite.

En mode moins végé, remplacez les avocats par du roquefort ou du comté AOC, au lait cru.

❷ Taillez en cubes une branche de céleri dont vous aurez ôté les fils en la pelant au couteau économe. Taillez en lamelles le bulbe de fenouil débarrassé de ses tiges. Taillez les champignons en fines lamelles. Déchirez le cœur de la scarole en chiffonnade*. Pelez (et épépinez) les raisins.

❸ Sur feu moyen, dans une poêle sans huile, à sec, faites griller les pignons de pin. Soyez attentifs : ils brûlent vite et seraient alors immangeables. Les pignons sont parfois hors de prix : remplacez-les alors par des graines de tournesol, pareillement grillées.

❹ Versez dans un grand saladier un fin filet d'huile et un peu de jus de citron . Mélangez le tout. C'est complet.

Avocats en dés en images

Pour obtenir facilement de jolis petits dés, coupez l'avocat en deux, ôtez le noyau et dessinez au couteau effilé des dés sur chaque moitié, non pelée, en entamant la chair jusqu'à la peau. Il suffit alors de sortir ces petits dés à la cuillère, en longeant l'écorce intérieure.

Coupez l'avocat en deux. Plantez la lame d'un couteau avec force dans le noyau. Tournez, le noyau s'enlèvera tout seul.

Dessinez des dés de la pointe du couteau dans chaque moitié d'avocat. Longez l'écorce à la cuiller pour extraire les dés.

Bien que l'avocat soit cultivé depuis huit mille ans en Amérique du Sud, nous ne le connaissons en Europe que depuis les années soixante. Il est appelé la « vache végétale », en raison de sa richesse en protéines et en acides gras essentiels de qualité. Bien pourvu en vitamines (E, entre autres), il abonde aussi en minéraux. En le combinant aux pignons de pin et aux multiples légumes et fruits qui composent cette salade folle, vous obtiendrez un plat complet – mais oui, sans féculent, sans viande, sans œufs. Vous serez comblés : hors toute pression psychologique, vous ne devriez pas avoir de fringale une heure ou deux après ce repas – signe que votre organisme est aussi satisfait que vos papilles.

Petits plus dans les salades...

Ajoutez à une simple salade de légumes crus ou cuits :

▽ des copeaux de parmesan
▽ des graines germées
▽ des sardines (en boîte, mais oui !)
▽ des anchois
▽ des graines de tournesol
▽ quelques légumineuses germées
▽ des herbes fraîches ciselées: persil ou roquette, etc.
▽ des olives noires
▽ de la levure de bière (paillettes)
▽ des germes de blé
▽ des pétales de fleurs
▽ des croûtons maison
▽ une petite poignée de céréales cuites (quinoa, p.ex.)
▽ des lamelles de vos quasi charcuteries maison

CAVIAR D'ALGUES

Le caviar d'algues est un tartare marin végétal, sur le mode de nos Caviars de Légumineuses ou d'Oléagineuses. Cette sauce pour salade, qui fait aussi office de trempette ou de tartinade, se conserve près de trois semaines au réfrigérateur. Elle peut être servie sur des toasts, des tranches de concombre ou de pommes, des barquettes de chicons crus (endives) en apéritif, en pique-nique ou, diluée, en vinaigrette.

- une poignée d'algues izikis et une poignée d'algues dulce (ou le mélange appelé *salade du pêcheur* en magasins bio)
- 2 échalotes
- une cuill. s. de sauce soja
- 1 gousse d'ail
- 3 cuill. s. d'huile V.P.P.F.
- 1 cuill. s. de persil
- 1 filet de jus de citron

❶ Faites tremper les algues dans un fond d'eau chaude pendant ¼ d'heure.

❷ Égouttez-les en les pressant entre les deux mains. Hachez-les au couteau très finement avec le persil plat. Comme pour les autres tartares, le passage au moulin électrique les transformerait en masse écœurante.

❸ Mélangez-les avec tous les autres ingrédients (sauce soja, citron, échalotes finement hachés, ail pressé au presse-ail, huile). Laissez reposer une nuit minimum. Servez sur des toasts de pain d'épeautre, dans des barquettes de chicons (endives), sur des tranches de concombre ou de pommes acides et parfumées.

Variante en sauce. Diluez le caviar avec de l'huile ou du yaourt et utilisez-le en fond de sauce. Exemple: diluez une cuillérée de caviar avec 3 cuill. de yaourt entier et 3 cuill.s. d'huile. Versez sur une salade composée d'un concombre en tranches fines et de 70 g de crevettes grises.

J'ai reconstitué la recette sur la base de l'étiquette de composition d'un produit trouvé sur un marché breton. Elle est presqu'unanimement appréciée par les amateurs de goûts marins – à vous de l'adapter. Ces algues et le caviar tout prêt, parfois sous forme lactofermentée, s'achètent dans les magasins de produits naturels.

Algues

L'imaginaire collectif, inquiet des techniques de production des viandes – à raison ? – semble négliger les protéines de qualité au profit de douteux substituts protéiques comme le soja et le quorn. Les protéines sont bien sûr indispensables à chaque repas, surtout dans des périodes de cure ou de stress. Celles des algues seraient alors le recours du végétarien, en combinaison avec les germinations. Outre qu'elles sont riches en minéraux et oligo-éléments (fer, magnésium, zinc, cobalt, iode) et en vitamines, les algues seraient des nettoyeurs de métaux lourds stockés dans votre corps à votre insu – au même titre que l'ail ou la vitamine C. Elles contiennent jusqu'à quatorze fois plus de calcium que le lait. Elles ne devraient pas être au menu tous les jours car, étant tous inégaux en matière de digestion, nous ne pouvons tous tirer le meilleur parti du végétal. Certaines algues ont la réputation d'inhiber la digestion des céréales et autres féculents, en perturbant le fonctionnement intestinal. C'est le cas des additifs à base d'algues (gommes, carraghénanes & C°) qui sont utilisés couramment dans les laitages (même en bio, snif !). Prudence, donc.

Quelles algues, où, comment ?

Les laitues de mer fraîches, cristes marines ou haricots de mer se vendent chez les poissonniers.

Les algues séchées (dulse et izikis, ou nori) peuvent être moulinées très finement et saupoudrées crues sur les salades, les potages. Ces algues auront ainsi libéré leurs minéraux et elles auront rehaussé le goût par l'acide glutamique qu'elles contiennent – c'est le grand frère du glutamate de sodium*2 ubiquiste, mais en version inoffensive.

*2 Le glutamate de sodium utilisé en additif serait neurotoxique chez les personnes les plus fragiles.

Avec ou sans pain, avec ou sans céréales?

On ne sait plus où donner de la tête, entre les dénonciations urbi et orbi des *cereal killers* d'ascendance paléonutritionniste, qui démonisent en bloc toutes les céréales, ou les conseils des *naturos* qui recommandent aux personnes fragilisées d'éviter les sources de gluten (pain, pâtes, etc.). Qu'en penser ? Pour la saine raison, l'on pourrait résumer comme suit. Les « intolérances au gluten » sont peut-être plus dues aux additifs et traitements des céréales qu'aux aliments riches en gluten eux-mêmes. J'ai étudié le sujet dans un cahier complet*[1]. Il est sûr aussi que bien des personnes fragilisées sont victimes du phénomène dit de l'intestin perméable. Dans ce cas, les lectines de toutes les céréales (et pas seulement du gluten) font souci. De nombreux mangeurs en Occident subissent aussi des prédélires insuliniques qui ne sont pas pris en compte par la diététique classique, car ils ne sont pas encore pathologiques (*syndrom X* aussi appelé syndrome métabolique, hypoglycémie, etc.). Manger sans gluten ne suffira alors pas. Dans ces cas, on préconisera QUELQUES féculents complets et une dose minimale de sucres. Il est vain de pratiquer un régime sans gluten en gardant le sucre ou les substituts de sucre, tout sains qu'ils soient. Ces mangeurs bénéficieront à plein des recettes de ce livre-ci, puisqu'ils peuvent rarement être végétariens pur jus (trop de sucres, même naturels, même complexes). Ils accompagneront nos recettes d'une quantité minimale de farineux. Quant au mangeur lambda non fragilisé sur le plan insulinique, il pourra observer des périodes de cures sans aucune source de farineux ou de sucres — sans les généraliser pour autant dans le quotidien où cela reviendrait à communier dans l'aberration nutritionnelle. Éviter TOUS les farineux est une thérapeutique plus efficace à long terme, semble-t-il, que l'éviction du gluten seul — tout au moins une technique qui permet de revenir, par après, à une alimentation plus « normale ». Ce sera votre passage paléonutritionniste, tiens !

*[1] *Que Reste-t-il de nos Céréales*, chez Nature et Progrès Belgique www.natpro.be

Desserts en cru et quasi cru en Cuisine Nature

Où trouver des recettes de desserts en cru ou quasi cru en Cuisine Nature?

Il est clair qu'en ASSIETTE ÉNERGÉTIQUE, les desserts sucrés sont en portion congrue*[1]. En ALIMENTATION RESSOURÇANTE, en revanche, ils sont les bienvenus, surtout s'ils sont choisis dans l'esprit PPPP*[2] du cru : la *Crème de bananes*, le *Sorbet minute aux fraises et aux bananes*, la *Mousse Glacée* au fruits frais, la *Salade de fruits de saison, la Salade de kiwis et bananes au citron vert, la Soupe de fruits rouges.* Plus gastronome *: la Panna Cotta et le Bavarois, le Sabayon.* La liste n'est pas exhaustive

Les variantes de petit déjeuner du tout cru: la *Crème Budwig* , le *Muesli du docteur Bircher* , le *Milk-Shake des Champions* , un des *Petits Déjeuners Sages et Salés* (que vous adapterez en tout cru), le *Velouté de Fruits Frais*, la *Salade de Fruits de Saison Améliorée* ou le *Jus de légumes frais ou amélioré.* Toutes recettes détaillées dans mon livre *Petits Déjeuners et Collations.*

Dans la gamme quasi cru, quelques desserts cuits à la vapeur douce, comme les *Bananes surprise* ou la *Compote de pommes et poires.* Cette technique permet de ne pas utiliser de graisses de cuisson et de ne pas dépasser le crochet des 95°C .

Tous les desserts à base de fruits, comme les crèmes de fruits et les sorbets, peuvent être intégrés avec sagesse dans un plan cru, à condition de choisir du fromage frais ou de la crème fraîche de lait cru lorsqu'ils interviennent dans la recette et d'utiliser du sucanat ou du miel à la place de sucre blanc ou du caramel classique.

---

*[1] Le sucre ajouté tout dense et tout naturel qu'il soit (miel ou sucanat ou figues) est à proscrire chez les plus fragiles, bien sûr (charge glycémique oblige).
*[2] **PPPP:** productif, paresseux, pressé, petit budget.

Tableau des cuissons au four doux

Quelques essais personnels, dans l'attente d'un livre dédié au sujet par un autre auteur. À vous de compléter...

Morceau	poêlage préalable	durée de cuisson à 80°C	à 70°C
Agneau: gigot avec os 2kg	8 min	4h	65°C: 9-11h!
Agneau: gigot sans os	8 min	2h30-3h	
Agneau: côtelettes	1 min		30-45 min
Bœuf: carbonnades	non	45min	1h30-2h
Bœuf: keftas (boulettes) de bœuf [*1]	2 min		1 h
Bœuf: entrecôte 400 g	5 min	50min	
Bœuf: rosbif 2 kg	5 min		3h à 4h30 (saignant ou rosé)
Bœuf: rosbif 800 g	5 min	1h30	
Bœuf: rosbif 1,5 kg	5 min	2h30	
Bœuf: steak 200g	2 min	45min	60min
Bœuf: carpaccio en roulades[*2]	non	35min	60min
Calamars en lanière	non	1h	
Canard: magret de 300g	3 min	40min	1h15
Poissons en filet ou soles	non		35 min
Maquereau ou autre poisson entier	non	1 h15	2h30
Porc: côtelettes[*4]	2 min	45min	1h15
Porc: lardons	non	30min	
Porc: rôti de 800g	5 min	4h	6h
Porc: rôti de 500g	5 min	2h30	
Porc: filet mignon de 500 g	4 min	1h40	
Porc: filet mignon de 1kg	8 min	3h30	
Saumon (en «Bonbons» ou en pavé)	non	1h30	4-5h

Morceau	poêlage préalable	durée de cuisson à 80°C	à 70°C
Veau: noix de veau	7 min	2h30	6h
Veau: escalope ou médaillon	1 min	45min	
Veau: carré 1k	8 min	2h	
Volaille: blancs de poulet 100-200g	3 min	45-60min	
Volaille: cuisses de poulet (bof*4)	4 min	3h30	6h
Volaille: filet de dinde 500g*3	3 min		2h
Volaille: foies de volaille	non	40min	
Volaille: lanières teriyaki	non	1h	
Volaille: poulet ou lapin1,5 kg coupé en deux	6 min	5h	6h

Dans le livre de l'auteur (virtuel) Betty Bossi, cité page 50, la cuisson s'évalue au thermomètre à piquer. Le boeuf et l'agneau, par exemple, sont cuits à 55°C à coeur, le veau à 60°C, le porc à 65°C.
Le poêlage préalable est facultatif.

---

*1 vaut aussi pour des *Tomates Farcies au bœuf* ou *Farce de Pitta Quasi Crue* ou base *Bolognaise* ou *Jerky de bœuf aux herbes* (hachis aux herbes modelé en longues saucisses à sécher).

*2 imaginez des « oiseaux sans tête » (*paupiettes* en France) farcis d'une brunoise d'olives, ail et tomates fraîches ...

*3 qu'on pourrait entailler et farcir de tapenade ou de petits légumes.

*4 Les volailles ou le porc avec os ne me semblent pas de grandes réussites avec cette technique. Votre avis ? Votre expérience ?

Collection Cuisine nature

Tous ces livres, du même auteur, chez Aladdin, sont en vente dans les librairies et les magasins bio, par correspondance chez l'éditeur ou via le portail internet sécurisé www.greenshop.be. De larges extraits ainsi que les annexes techniques et théoriques sont publiés sur le site. **Diffuseur BE: Altera. FR: DG-Diffusion.**

Tome 1 ***Cuisine Nature... à Toute Vapeur***
Les bases de la cuisine nature pour les personnes pressées en 101 recettes faciles, rapides et savoureuses. C'est le guide de recettes d'introduction à la cuisine nature.

Tome 2 ***Petits-Déjeuners,*** *recettes avec et sans gluten/laitages*
Des recettes ressourçantes, individualisées aux profils métaboliques et adaptées aux goûts des enfants d'aujourd'hui.

Tome 3 ***Tartes et Légumineuses,***
Recettes végétariennes avec et sans gluten/laitages.

Tome 4 ***Une Cure Anti-fatigue*** *.. coup de neuf dans les assiettes*
Une cure de vitalité en deux semaines de recettes de drainage.

Tome 5 ***Mes Recettes Antifatigue*** *(les cuissons douces)*
2ème édition, sous un nouveau titre, de "Le Cru Bien Tempéré"
Pour reprendre des forces : une cuisine à base de cru, de semi-cru, de presque cru et de l'à peine cru... (vapeur douce et four à basse température). Le livre compagnon d'*Une Cure Anti-Fatigue*, pour le choix d'une assiette plus carnée que végé, pauvre en farineux.

Tome 6 ***Mon Assiette en Equilibre:*** *Optimaliser vos choix alimentaires pour une assiette ressourçante*
Quels facteurs utiles et efficaces peut-on préserver des régimes-santé à la mode pour définir un mode alimentaire sain, au-delà de tout régime, qui soit préventif tout autant que thérapeutique? Des plans de croisière pour les victimes d'épuise ment chronique. Paraîtra à l'automne 2006.

Tome 7 ***Germes de Gourmands.*** *Graines germées en famille.*
Des recettes à base de graines germées, incluant le tout-cru et des cuissons douces. Les germinations sont un atout idéal pour surdynamiser l'effet d'une *Cure AntiFatigue* ou pour s'assurer un programme végétarien équilibré. Paraîtra en décembre 2006.

Tome 8 **Cocktails nature en un clin d'œil**

Jus de légumes et de fruits, veloutés, sorbets sans sucre, caviars végétaux, purées de noix. Abreuvez-vous de vitalité grâce à un nouveau concept : une cuisine nature à la vitesse du fast-food... Dès septembre 2006, le site www.greenshop.be offre une version éléctronique de ce livre, intitulée *Les Fruits de la Vie : Jus de légumes et Caviars Végétaux à l'Oscar.*

Tome 9 **Mes Racines en Cuisine**

Retour aux sources avec des recettes à l'ancienne (pain, beurre, fromage, etc) facilitées par les outils et connaissances modernes. Paraîtra printemps 2007.

hors collection

Qui a peur du grand méchant lait *?*

(ou les allergies cachées aux laitages: mythe ou réalité?)

Paraîtra 30/11/2006.

Pour Qui Sonne le Gras ? Paraîtra sous forme électronique fin d'automne 2006.

Le bimestriel ***Cuisine Nature*** (lettre confidentielle et personnelle de Taty) propose depuis 2003 quatorze pages bien denses de recettes classées en catégories : *Spécial Jules, Chérubins, Mes Racines en Cuisine, Sans blé Sans Lait et Sans Regrets*; et des dossiers pour faire le point sur : le lait, l'eau, les viandes, le végétarisme, etc. Des infos indépendantes de tout subside commercial. Détails d'abonnement et specimen d'évaluation sur le site ou sur demande à

Aladdin
allée du Mont Cheval 11
B-1400 Nivelles.

La liste compilée de toutes les recettes publiées dans ces livres et dans le bimestriel, classées par catégorie, se trouve sur le site en téléchargement gratuit (bouton Recettes). Les non-internautes peuvent se procurer le livret de cette liste par correspondance chez Aladdin : 2 € (BE-LU et FR : envoyez l'équivalent de ce montant en timbres poste).

Sources des recettes en Cuisine Nature mentionnées dans ce tome

Assiette Végétarienne	*Cuisine Nature à Toute Vapeur*
Bananes surprise	*site*
Bavarois	*site ou Cuisine Nature n° 17*
Bouillon Maison à l'Ancienne	*Cuisine Nature à Toute Vapeur*
Bouillon Cru Minute	*site*
Brochette de Lotte à la Vapeur	*Cuisine Nature à Toute Vapeur*
Caviars de Légumineuses/Oléag.	*Germes de gourmands*
Chèvre chaud	*Cuisine Nature à Toute Vapeur*
Compote de pommes et poires.	*Petits Déjeuners et Collations*
Coulis de Tomate Maison	*Cuisine Nature à Toute Vapeur*
Coulis de fruits rouges	*Cocktails Nature en un Clin d'œil*
Crème Anglaise	*site*
Crème bruxelloise	*Cuisine Nature à Toute Vapeur*
Crème Budwig	*Petits Déjeuners et Collations*
Crème de bananes	*site*
Croquettes de Légumes	*Cuisine Nature à Toute Vapeur*
Elbot Frais en Papillote Vapeur	*Cuisine Nature à Toute Vapeur*
Jus de légumes frais ou amélioré	*Petits Déjeuners et Collations*
Lait de Poule	*Petits Déjeuners et Collations*
Magrets de canard à la vapeur douce	*Cuisine Nature à Toute Vapeur*
Mayonnaise Express au robot	*Cuisine Nature à Toute Vapeur*
Mayonnaise manuelle en photos	*site (ou au Magic Bullet)*
Milk-Shake des Champions	*Petits Déjeuners et Collations*
Mousse de Légumes	*Cuisine Nature à Toute Vapeur*
Mousse Glacée au fruits frais	*Cocktails Nature en un Clin d'œil*
Muesli du docteur Bircher	*Petits Déjeuners et Collations*
Œufs Brouillés à la Vapeur	*Cuisine Nature à Toute Vapeur*
Œufs Cocotte	*Cuisine Nature à Toute Vapeur*
Œufs Mollets	*Cuisine Nature à Toute Vapeur*
Panna Cotta	*site ou Cuisine Nature n° 17*
Pâté Végétal Provençal	*Germes de gourmands*
Purée d'ail	*Cuisine Nature à Toute Vapeur*
Sabayon	*site ou Cuisine Nature n°20*
Salade de Fruits Améliorée	*Petits Déjeuners et Collations*
Salade kiwis/bananes au citron vert	*site*
Salade de volaille et petits légumes	*Cuisine Nature à Toute Vapeur*
Sauce Holladaise débutant	*Cuisine Nature à Toute Vapeur*
Sauce Raita	*Cuisine Nature à Toute Vapeur*
Saumon Vapeur sur Lit de Cresson	*Cuisine Nature à Toute Vapeur*
Sorbet minute fraises/bananes	*site ou Cuisine Nature n° 8*
Soupe de fruits rouges	*site*
Soupe de lentilles germées	*Germes de gourmands*
Spaghetti Carbonara	*site ou Cuisine Naturen° 13*
Tapenade	*Cuisine Nature à Toute Vapeur*
Thon Mariné Vapeur	*Cuisine Nature à Toute Vapeur*
Velouté de Fruits Frais	*Petits Déjeuners et Collations*

INDEX